As formações do analista

As formações do analista

Editor
José Nazar

Companhia de Freud

Escola Lacaniana de Psicanálise de Vitória

Direitos de edição em língua portuguesa adquiridos pela
Editora Campo Matêmico

Editoração Eletrônica
FA - Editoração Eletrônica

Secretaria de Publicação
Ana Lucia Carneiro da Cunha

Rio de Janeiro, 2008

FICHA CATALOGRÁFICA

Companhia de Freud
editora

Endereço para Correspondência
Rua Barão de Sertório, 48 - casa
Tel.: (21) 2273-9357 • (21) 2293-5863
Rio Comprido - Rio de Janeiro
e-mail: ciadefreud@ism.com.br

Sumário

Normas de Publicação

1. Na primeira página do artigo, devem aparecer os seguintes itens:

1.1 Título
O título deve ser digitado no alto da página, em CAIXA ALTA, tamanho 14, negrito, centralizado, contendo no máximo 12 palavras com espaço. Logo abaixo, colocar o mesmo título, em inglês, com no máximo 12 palavras com espaço. Se houver subtítulo, ele deve constar na linha abaixo do título.

1.2. O nome dos autores deve constar com indicação em notas de rodapé, com a titulação, especialidade, instituição de origem e endereço eletrônico.

1.3. Resumo
A expressão " RESUMO" seguida do respectivo resumo em língua portuguesa (até 150 palavras).

1.4. Palavras-chave
A expressão "PALAVRAS – CHAVE".

2. Formatação
Fonte : Times New Roman, tamanho 12;
Espaço entrelinhas: 1,5;

Digitação em Word for Windows versão 7.0, sem sinalização de início de parágrafo;
Margens justificadas (alinhadas tanto à esquerda quanto à direita);
Papel A4;
Medida das margens da página: superior = 2,5 cm; inferior = 2,5 cm; esquerda = 3 cm; direita = 3 cm.

3. Notas de rodapé

Serão aceitas apenas se estritamente relevantes ao texto e restritas a um mínimo necessário. Devem ser digitadas em letra Arial 8 e pede-se o cuidado de não ultrapassar 3 linhas, em cada página A4, ou podem ser transformadas em notas de fim de texto, indicadas por números arábicos, com letra Arial 10.

4. Referência bibliográfica (final do texto)

Em periódicos científicos
Indicar: autor do artigo, título do artigo, subtítulo do artigo, título da revista (em *itálico*), local de publicação, título do fascículo (se houver), volume, número, páginas (inicial e final), mês e ano.
Exemplo:
PEREIRA, Mário Eduardo Costa. *Boa noite, amado príncipe*: ou notas psicanalíticas sobre a insônia, o repouso e a morte na tragédia de Hamlet. Psychê, São Paulo, nº V, p.19-38, 2002.

EDITORIAL

De que se trata quando se fala em *Formação do Analista*?

Seguindo Freud e Lacan, trata-se de um percurso privado de análise nos consultórios e de um espaço público que inclui cartéis, sessões clínicas, supervisão, seminários, leituras e o que possa referir-se à transmissão em uma Escola de Psicanálise. A apresentação desses produtos é, por Lacan, privilegiada em forma de Publicação.

Publicar é submeter-se a uma verificação e esta é, antes de tudo, referida a uma Escola. O que se publica é o que se pode recolher de um saber não sabido, construído como efeito de um trabalho de elaboração em torno de um furo de saber, sustentado por um real em jogo na formação de um analista.

A função da Publicação numa Escola de Psicanálise difere daquela de uma academia, pois não se trata de garantir o reconhecimento de um nome próprio, ou uma bela forma, ou uma importante descoberta. Trata-se de recolher o que, de uma psicanálise, vai caindo como restos que podem ser transmitidos. Registro dos trilhamentos que cada analista percorre na 'fabricação' de sua teoria.

E a teoria não é qualquer uma, mas aquela transmitida por Freud e Lacan, este também às voltas com suas dificuldades de publicar, sempre incentivado por seu editor e acossado pelo medo de ser mal interpretado, o que levou um estafado Wahl a afirmar: "Tinha conseguido arrancar esse homem do domínio de sua própria fala para fazê-lo chegar enfim a uma verdadeira escrita."

Este livro pretende apresentar exatamente esses "produtos" de nossos analistas, que se entregaram à árdua tarefa de passar a público e de nomear os seus restos e oferecê-los a nós com generosidade e coragem.

Desejo de outra coisa

*Antônio Carlos Félix das Neves**

Às vezes começa com um sentimento desajeitado de ser. Gostaríamos de ser outra coisa, qualquer coisa, desde que seja outra coisa.

Essa outra coisa está no sono enigmático do adolescente que se prepara para o vestibular. No cansaço contínuo daqueles que sempre ensaiam entrar na vida.

Essa outra coisa é uma presença. O tédio talvez seja sua maior expressão. Pactua com o deprimido; desperta em nós o agressivo, quando tentávamos ser contidos.

Está no filho que não vem. Na gravidez antecipada. Na prematuração dos partos.

Também a encontramos nos fracassos acumulados, nos acidentes descabidos, nos vícios compulsivos.

Essa outra coisa está nas palavras impostas, na criatividade pressentida, no drible improvisado.

Faz a gente cantar, escrever, interpretar...

Nos fatos esquecidos, nos atos falhos desconcertantes, na rasura de um escrito.

---

* Psicanalista, Membro da Escola Lacaniana de Psicanálise de Vitória

Nas noites mal dormidas, insônia de vigília. O pesadelo que nos acorda de um sono infinito.

Na dor que corre o corpo recusando um sentido.

Na noite dos boêmios, nas despedidas que ficaram, nos amores impossíveis.

Em errância, essa coisa fala.

É preciso quem a escute sem moral e sem preconceito.

Como segredos de menina ou poesia sem sentido.

Num silêncio permitido... Quem sabe um novo dito.

Uma forma diferente de satisfazer a essa outra coisa.

De se deixar levar sem se perder. Oferecer-se passivamente desejante.

Para no final ter uma breve certeza de que o prazer alcançado esteve ali, circunscrito, parcialmente vivido... Sempre a mesma coisa. Que coisa!

QUE SABER MOVIMENTA A FORMAÇÃO E A FAZ PERMANENTE NA ESCOLA? QUE AUDÁCIA VIGORA NA TRANSMISSÃO EM PSICANÁLISE?[1]

*Ruth Ferreira Bastos**

RESUMO: Este artigo propõe uma discussão sobre a formação que uma Escola de Psicanálise dispensa aos analistas: aqueles que se encarregam de recolher as suas formações para articulá-las na teoria, tornando permanente sua formação na Escola. Propõe que o seminário se faz a partir do traço unário, traço distintivo que permite a reescrita dos significantes herdados e a possibilidade de reinvenção da psicanálise.

PALAVRAS-CHAVE: Formação permanente. Audácia. Saber. Traço unário. Transmissão.

Estava organizando os recortes para compor o meu trabalho para este evento quando uma história de Picasso atravessou o meu caminho. Não pude deixar de tomá-la como provocação.

Picasso nasceu na Espanha e viveu na província até os 14 anos, quando sua família se mudou para Barcelona. Como todo jovem artista, sonhava em ir para Paris, o centro cultural da Europa. Na virada do século, com dezenove anos, conseguiu se mudar para lá. Embora tivesse vendido

---

1 Trabalho apresentado no evento "As Formações do Analista", em novembro de 2007.

* Psicanalista, membro da Escola Lacaniana de Psicanálise de Vitória.

alguns de seus quadros, lutava para sobreviver. E, como não podia comprar nada para a sua precária casa-ateliê, pintou nas paredes imagens de móveis e acessórios, em tamanho natural. Mas isso era só ***para fazer de conta*** que tudo ia bem.

Um evento como este serve para questionar a formação que uma Escola dispensa aos analistas que aí depositam as suas formações[2]. É certo que poderíamos seguir sempre em frente, ***fazendo de conta*** que tudo está no seu devido lugar, ou mesmo ***acreditando*** que tudo funciona na mais perfeita ordem. Mas, com a jornada, a Escola lança a possibilidade de cada um dos seus membros fazer a sua leitura para ***verificar***, na articulação da teoria, o funcionamento que obtemos na prática. É esta a visada de uma Escola porque um analista não se faz desenhando um nome na porta de um consultório, assim como um agrupamento de lacanianos e o nome Escola Lacaniana não basta para haver funcionamento de Escola. Trata-se sempre de ***insistência*** e ***verificação*** ou viveremos, na melhor das hipóteses, num faz de conta, ou na crença louca de ser o que não somos.

Em tese, este evento nos convoca a trabalhar as formações recolhidas na análise e outras vividas no convívio com os irmãos-rivais para estabelecer leituras e avaliar a possibilidade de transmissão de saber[3]. É importante ressaltar que o único saber que interessa aos analistas é o saber do traço distintivo que cada um porta, o saber do traço unário[4]. Este traço da diferença que me exclui da massa, esta marca da presença do olhar e do desejo do Outro que um dia me tomou como seu objeto de gozo, é ele que move uma Escola[5]. Na busca da delimitação simbólica deste traço de percepção, desde sempre e para sempre enigmático, real, ao qual o sujeito

---

[2] Esta seria uma **definição de escola** numa reciclagem da definição de Lacan. A Escola é a publicação, o depósito de letras, **caixa postal, poubelle** onde depositamos as nossas formações do inconsciente além dos actings vividos para serem lidos, para deles recolher os restos rejeitados, objetos consumidos pelo gozo. Toda carta/letra arrancada do corpo tem um destinatário: os pares, esses que se dispõem a recolher leituras e restos de um, para fazer uso próprio.

[3] Os cartéis, os seminários, os eventos, seriam um campo de verificação. O que eu digo afeta outros?

[4] "É no traço unário, a forma mais simples de marca, a origem do significante, que tem origem tudo o que nos interessa, a nós analistas, como saber" (LACAN, J. *Seminário 17*, p.44.)

[5] Por isso a Escola funciona na contramão do grupo, aquele que, para se constituir, abole as pequenas diferenças.

se enganchou para ter existência, cada um, um a um, poderá vir a fazer Escola. Assim, ao recolher as suas formações para articulá-las na teoria, cada um de nós torna **permanente** a formação do psicanalista na Escola.

No entanto, filosofando sobre a natureza do que se chama um congresso, Lacan nos alerta sobre a dificuldade que encontramos: *"Em princípio, num desses tipos de encontro onde se fala, cada um sabe que qualquer coisa que ele diga participa de alguma* ***indecência****. De sorte, é bem natural que não se diga ali mais que* ***nadas pomposos****, já que assim cada um fica* ***bem aparafusado no papel que se reservou****"* [6]. Lembro que a expressão "*estar aparafusado a um papel*" é usada por Lacan quando ele se refere às identificações imaginárias, através das quais alguém faz o que é preciso fazer para compor um simulacro e se acredita ser aí. Nesses moldes, a jornada se tornaria um palco para mestria e deixaria de lado sua ***visada de leitura e verificação.*** Ontem, já tendo usado aqui a palavra palco, fui surpreendida por uma analisanda com um sonho exemplar: ela estava às voltas com a apresentação anual do teatro da Escola. Alguém já havia decorado o seu papel, outros ainda estavam aflitos, se sentindo pouco preparados.

Ao longo dos anos, no espaço de fala conquistado por mim, nesta Escola, tenho recortado nos seminários de Lacan pequenos comentários, sempre deixados à margem, sobre o seu ensino. São parágrafos perdidos do desenvolvimento, em alguma aula, que têm sido para mim fonte preciosa de questionamento sobre o meu proceder. Trago alguns dos recortes para indicar a visada de Lacan no que diz respeito ao ensino e à transmissão em Psicanálise.

O que Lacan cuida, todo tempo, é de estabelecer a distinção entre a sua posição no seminário e o lugar de mestria. Afinal, se é do traço unário que se origina tudo que nos interessa como saber, se este traço se refere a um tempo mítico, este saber não sabido só nos virá através dos mecanismos de projeção, e para isso é preciso abrir mão da mestria, do dominado, para dar espaço ao estranho, à surpresa, e à audácia de se deixar invadir pelas palavras e articulações que nos são impostas. Quando se trata de

---

6 LACAN, J. *Seminário 9*, aula de 4/4/1962.

psicanálise, é preciso se deixar arrebatar pela dissonância, a ela se entregar de fato, com unhas e dentes.

No seminário da Angústia, Lacan lembra que para introduzir o desejo do analista "*não seria um caminho ruim lembrar que existe o desejo do docente*". Estaria ele propondo que o desejo do analista se faz presente na Escola através do ***impulso constante*** de dizer cada vez melhor a teoria, a partir da leitura do próprio traço?

Neste encaminhamento, Lacan diz que o professor se define como aquele que ensina sobre os ensinamentos, fazendo recortes nos ensinamentos e produzindo algo análogo a uma colagem. Indica que, se a ***colagem*** for feita ***menos preocupada com a continuidade, menos comedida,*** teremos uma colagem bem-sucedida, do ponto de vista da colagem como obra de arte. Só assim um analista, numa escola, atingirá o efeito próprio do que deve ser aí um ensino[7].

Então, Lacan recorta o texto de Freud e nós recortamos e colamos o texto de Freud e Lacan, deixando transparecer a colagem que aí se fez e o arranjo que cada um propõe para apresentar um tema a partir do seu traço. A colagem bem sucedida seria, portanto, aquela que porta a falta por onde nos deixamos invadir pelo que nos vem do real e nos surpreende.

Aqui, interessa contar uma história. No meu seminário, um dia, coloquei no quadro dois assuntos separados por um traço: esta articulação sobre a transmissão em Psicanálise e outra que falava do modo de amar do homem e da mulher. Um par que acompanha o meu seminário e entrou na sala quando eu já tinha começado, lá pelas tantas, fez a suposição de que eu relacionaria os dois tópicos. Concluiu que a colagem, proposta pelo professor visando ao figurativo, estaria do lado do homem, como ***impostura*** enquanto a colagem, obra de arte que revela a falta, proposta pelo analista[8], estaria do lado da mulher, como ***farsa.*** Seguimos argumentando em torno dos elementos, esclarecemos a diferença entre farsa e impostura, fizemos articulações e heresias sem a preocupação com a continuidade e cheios de ousadia. Foi uma experiência de permuta, trans-

---

[7] LACAN, J. *Seminário10*, p.190.

[8] O analista, que fala numa escola, fala do lugar de sujeito.

missão e escola que não se faz sem a experiência de se deixar invadir pelo dionisíaco do inconsciente. Nada parecido com o que em geral acontece nos congressos: muitos trabalhos, poucos questionamentos, nenhuma margem para a diferença.

Outro recorte sobre a transmissão que gostaria de destacar, dando visibilidade: *"Que faço aqui? Por que prossigo esse discurso? -Por estar comprometido na experiência, sustento esse discurso num lugar precário, a saber: assumo essa enorme* ***audácia*** *e experimento cada vez a* ***sensação de arriscar tudo,*** *neste lugar insustentável que é o do* ***sujeito****. Não há nada comparável à posição do professor: ele põe uma muralha entre ele e o auditório. É diferente trabalhar tendo na primeira fila pessoas que, há três anos, tentam me excluir da sua comunidade."*[9]

Aqui, gostaria de destacar o tom de constatação, aparentemente sem queixas, quando Lacan revela a existência do ódio entre os irmãos. Entre nós, tem sido difícil conviver com as manifestações de inveja e ódio. Teríamos que nos debruçar com seriedade sobre o interesse do reconhecimento do ódio, seu desvelamento, tanto na transferência quanto na Escola. Sabemos da hipótese levantada por Freud de despertar o ódio, com o devido cuidado, pelo risco evidente de ultrapassar este campo minado de duras resistências. Sabemos também do interesse de Lacan pelo avessamento do amor em ódio e pela prudência em evocar a transferência negativa que se manifesta por um *estar de olho* no analista. Nesta zona de convivência, não temos o Outro em boa consideração, desconfiamos dele e projetamos na cena analítica as mais arcaicas percepções de um olhar e de um fascínio que, só por esta via, poderá ser conjurado. Vivências paranóicas referidas ao momento mítico do nascimento do eu e ao núcleo da agressividade humana só então são alcançadas em verdadeiros delírios. Tudo isso resvala na Escola e certamente é fonte de muitas cisões. Pode haver saudade de dias aparentemente mais amorosos. No entanto a Escola insiste nesta direção que implica o horror. Por quê? Não seria esta a única via que impede a abolição da diferença e, portanto, a única possibilidade de haver Escola?

---

[9] LACAN, J. *Seminário12*, aula2.

Diz Lacan: "*Não há o menor desejo de saber. Não há o menor desejo de inventar o saber. É o horror, e não o desejo, que preside o saber*".[10]

Frente ao horror, angústia de castração, podemos desviar os olhos num recuo que leva à ignorância e à indiferença; podemos ainda dirigir um olhar corajoso e sucumbir à fascinação; ou, como Perseu, enfrentar o horror com o recurso do escudo que no nosso caso seria a invenção.

"*O que eu faço como analista? Eu não descubro a verdade. Eu a invento – é isso o saber. O que é o saber? O saber é invenção. Não é algo a ser procurado, algo já sabido a ser encontrado*".[11] O saber se inventa com *disparates*[12]: algo da ordem da alucinação e do delírio nos vem e, porque acolhemos as palavras que nos são impostas, palavras recusadas no simbólico que reaparecem no real, inventamos o masoquismo numa análise e temos a audácia de deixar que as nossas marcas esclareçam a teoria.

Professor

1. Diz "**nadas pomposos**" ficando bem aparafusado a um papel.
2. Há uma muralha entre o professor e o auditório.
3. Ensino: **duas bordas**, o mestre e seus discípulos.
4. Produz a colagem que visa o figurativo. Está do lado do homem e implica em alguma **impostura.**

Analista

1. Sabe que qualquer coisa que ele diga participa de alguma **indecência**.
2. O discurso é sustentado num lugar precário, o lugar de **sujeito**. Nele é preciso assumir a audácia de arriscar tudo.
3. Ficção de ensino: esforço de **acomodação recíproca**.
4. Faz uma colagem menos preocupada com a continuidade, menos comedida, atingindo assim o efeito próprio do que deve ser um ensino. Esta colagem, obra de arte, revela a falta. Está do lado da mulher e implica uma **farsa.**

---

10 LACAN, J. *Seminário 21*, aula11, p.13

11 LACAN, J. *Seminário 21*, aula8, p.2

12 "O saber, isso tem o ar de descobrir, de revelar. Aimée ela sabia, ela inventava, ela dizia disparates. Foi assim que a suspeita me veio de que o saber se inventa." (LACAN, J. Seminário 21, aula8, p.3.)

Referências Bibliográficas

LACAN, Jacques. **O Seminário**: livro 9: a Identificação. Publicação interna do Centro de Estudos Freudianos de Recife. 2003.

_______. **O Seminário**: livro 10: a angústia. Rio de Janeiro: Jorge Zahar, 2005.

_______. **O Seminário**: livro 11: os quatro conceitos fundamentais da psicanálise. Rio de Janeiro: Jorge Zahar, 1973.

_______. **O Seminário**: livro 12: os problemas cruciais da psicanálise. Inédito.

_______. **O Seminário**: livro 17: o avesso da Psicanálise. Rio de Janeiro: Jorge Zahar, 1992.

_______. **O Seminário**: livro 21: Os não-tolos erram. Publicação interna da Escola Lacaniana. RJ.

Uma antinomia estrutural: a insistência de Escola x a consistência da instituição[1]

*Marcelia Marino Schneider Côgo**

Resumo: O texto aborda a antinomia entre o discurso institucional e o discurso analítico, e a importância de sua sustentação para que possa haver insistência em efeitos de escola para além do funcionamento institucional. Traz elaborações sobre o tema da formação enquanto formação do inconsciente.

Palavras-chave: Instituição. Escola de Psicanálise. Formação do analista.

No campo psicanalítico, lidamos continuamente com uma antinomia estrutural entre o discurso analítico, cujo vigor possibilita efeitos de Escola, e o discurso institucional.

Mesmo que esses discursos sejam radicalmente opostos, essa antinomia precisa ser suportada para que uma instituição psicanalítica possa insistir no funcionamento de Escola. Se a instituição, pelo grupo de pessoas, regras e normas, fornece uma consistência necessária, um corpo, a

[1] Escola Lacaniana de Psicanálise de Vitória: Colóquio sobre as formações do analista. Novembro 2007.

* Psicanalista. Membro da Escola Lacaniana de Psicanálise de Vitória.

Escola é o que pode surgir como efeito de um trabalho de elaboração em torno de um furo de saber, sustentado por um real em jogo na formação do analista.

Muitos textos de Lacan abordam o tema da formação do analista, mas destaco, hoje, "A Proposição de nove de outubro de 1967". Neste texto, Lacan aposta em um outro tipo de laço entre os analistas e um novo modo de funcionamento para a instituição psicanalítica, que visa barrar os efeitos paralisantes de grupo e do funcionamento institucional – a Escola. Nomeia o cartel e sua lógica de funcionamento como central para o trabalho dentro de uma Escola e introduz o conceito de *gradus* em relação às nomeações. Trata-se de uma posição ética distinta no que diz respeito à formação do analista, que não implica uma linearidade.

Toda a formação do analista, que até então seguia um curso desviante da proposta freudiana e tendia ao conformismo do regrado institucional, sofreu uma importante correção de curso, na medida em que Lacan reintroduz o conceito original de Escola: a Escola como um refúgio e base de operação contra o mal-estar na civilização.

A cultura e o processo civilizatório engendraram o mal-estar , justamente pela abolição das diferenças, pelo recalque do desejo; tudo em prol do viver bem e com justiça em sociedade. Uma Escola, Escola de Psicanálise, é um refúgio contra esta tendência, uma vez que garante o lugar das diferenças, privilegia a emergência do sujeito do inconsciente e insiste no funcionamento um a um. O que está em jogo aqui não é o bem comum para que o mal fique do lado de fora. Se o bem e o mal coexistem internamente, rompe-se com a lógica esférica do bom de dentro e do mal de fora.

Na referida proposição, Lacan sustenta que: "O psicanalista só se autoriza de si mesmo".

"Isso não impede que a Escola garanta que um psicanalista dependa de sua formação. Ela pode fazê-lo por sua própria iniciativa. E o analista pode querer essa garantia, o que, por conseguinte, só faz ir mais além: tornar-se psicanalista da própria experiência".

Vemos uma mudança radical no conceito de formação do analista e no laço social entre os analistas a partir do conceito de Escola, pois não se trata de colocar-se em uma posição passiva de conformação ao que já está instituído, mas de uma implicação e responsabilização do postulante na construção do seu próprio percurso.

Nunca é demais lembrar que aquele que decide entrar nesta empreitada, nesta proposta de formação que é permanente, não se isentará da responsabilidade por esta escolha.

Sabemos que pode haver uma instituição sem efeitos de Escola, mas o inverso não procede. Não há como haver efeitos de escola, sem que, para tanto, haja um mínimo de corpo institucional.

Diante da sustentação da coexistência de discursos tão antinômicos, quais os efeitos no que diz respeito à formação do analista?

O que distingue o funcionamento institucional do funcionamento dentro deste conceito de Escola?

Quais as garantias em jogo em uma Escola de Psicanálise e quais as diferenças em relação às garantias sustentadas pelas instituições em geral?

Em um funcionamento eminentemente institucional, e existem grupos analíticos que funcionam com a predominância deste viés, existe um apelo ao ideal gregário. Isto é, em que predomina a abolição das diferenças e a manutenção de um ideal comum sustentado por um líder em posição de exceção. Em funcionamento desta natureza há o privilégio do instituído e o rechaço a qualquer abertura pela qual possa surgir algo inesperado, portanto há um rechaço do campo da surpresa inerente ao inconsciente. Este conformismo, dentre outros efeitos, produz um certo apaziguamento, com as consequências inevitáveis advindas do velamento do ódio, por exemplo. As regras pré-existentes, as verdades inquestionáveis e o ideal comum cultuado e almejado contribuem para o estabelecimento de garantias antecipadas. A ascensão a um posto, a um cargo ou a uma nomeação é possível, basta que se cumpram todos os requisitos, se vençam os passos pré-estabelecidos, se conquistem os atributos necessários e previamente instituídos, ou se atinjam o prêmio por antiguidade. A nomeação em um tipo de funcionamento puramente institucional acontece, portanto, por atribuição. Uma vez nomeado, o sujeito nada mais precisa sustentar, provar, pois o preço pela sua conquista já foi pago totalmente. Não se está mais em dívida simbólica, resta agora só usufruir o status, os direitos e garantias conquistadas.

A instituição, em posição de mestria, detém o poder de deixar passar os conformes, aqueles que se identificaram ao ideal proposto e que por isso são reconhecidos. Isto não ocorre por bondade da instituição, trata-se de uma lógica pela qual por meio de cada nomeação ocorre a renovação deste ideal e a renomeação da própria instituição.

Em grupos psicanalíticos que operam por um viés hierárquico, há um saber consistente sobre o que é o psicanalista, há um saber sobre o que é feito.

Com Freud aprendemos, no texto "Psicologia de grupo e a análise do ego", que os efeitos de grupo surgem desde que haja uma pequena reunião de pessoas, na qual é possível que em qualquer momento surja a horda primitiva.

Um grupo está sujeito a muitos efeitos como a massificação, a abolição das diferenças, a sugestão, identificações, extremos emocionais, atos de hostilidade e abnegação, anseio por lideranças e ilusões, perda da capacidade intelectual etc. Estes efeitos podem ser minimizados em grupos cada vez mais organizados, como as instituições. Esta organização se evidencia pelas divisões de funções e de tarefas, em que as diferenças entre os indivíduos são suportadas quando ligadas a estas graduações. Nestes grupos organizados, há espaço para relacionamentos com grupos afins, desde que cada um resguarde suas respectivas diferenças.

Uma instituição psicanalítica, que embora aposte no funcionamento de Escola, isto é, que insista em um funcionamento agenciado pelo discurso analítico, é também formada por pessoas; por isto também sofre os efeitos de grupo, e aqueles oriundos do próprio funcionamento institucional.

Algumas vezes se deixa tomar por estruturas hierárquicas, grades ao invés de gradus, identificações, e por uma emergência de um saber petrificado.

Não há outra forma que a insistência do discurso analítico para que o discurso institucional sofra uma barra que contenha seus efeitos. Esta é a aposta no funcionamento de Escola e o que os lugares de garantia de uma escola buscam sustentar.

Quando Lacan, na proposição de 09 de outubro diz: "Vamos tratar de estruturas asseguradas na Psicanálise e de garantir sua efetivação no psicanalista", aponta justamente para onde deve estar o foco a respeito da formação de analistas e o tipo de garantia em jogo em uma instituição psicanalítica que aposta no funcionamento de escola. A garantia em jogo é a de justamente resguardar a efetivação das únicas estruturas asseguradas, que nada mais são que as formações do inconsciente. Se falamos de formação do analista, referimo-nos a estas estruturas. A Escola garantirá a criação e a sustentação de espaços onde haja constante verificação da formação do analista como formação do inconsciente. Espaços de verificação dos efeitos da análise em intensão, de momentos de passagem, de transmissão de palavras de passe, de mudanças discursivas, de destituição subjetiva, de reviradas nas significações constituídas na relação com o Outro, de sustentação do discurso analítico, uma construção dolorosa e gradativa que aponta para o nascimento do desejo do analista. Desejo radicalmente oposto ao que poderia ser o desejo narcísico de ser analista.

Portanto, a lógica que rege um funcionamento de Escola enquanto emergência do discurso analítico é radicalmente oposta à lógica que rege o funcionamento institucional.

No funcionamento de Escola, o que deve haver é justamente o espaço para o comparecimento do sujeito inconsciente, para a construção de um percurso sempre da ordem do singular, sem coordenadas antecipadas, pois trata-se de uma lógica que nada tem de linear . Estamos num campo no qual o percurso se dá um a um. O cartel é o exemplo deste funcionamento, uma vez que esta antinomia instituição/ grupo x escola /discurso analítico é sustentada. O cartel é composto por um número de pessoas 3 + 1 e que não ultrapassa 5+ 1. Desta reunião, nada garante o funcionamento em cartel. Se no princípio há um grupo, a aposta, inclusive pela existência da função +1, é um funcionamento regrado pelo discurso analítico cuja verificação só acontece depois, a partir das produções e seus efeitos nos diversos espaços da escola , na prática e na análise pessoal.

Como célula mínima deste conceito de Escola, o cartel, com o seu funcionamento, demonstra, na escrita n +1 para sua composição, que cada membro do cartel é 1 a mais. Como os elos soltos e sobrepostos do nó borromeano, não fazem cadeia entre si. Cada um, por um viés totalmente particular, faz seu percurso na teoria, e a articula a partir de seus pontos sintomáticos e fantasmáticos. O que nodula em um cartel e em uma Escola todos esses elos, a princípio desnodulados? Hoje, não consigo pensar outra resposta que a transferência de trabalho, na medida em que está associado ao vigor do discurso analítico.

O funcionamento nesta proposta em que vigora o discurso analítico sustenta uma outra forma de lidar com as nomeações. A partir do fato de que cada percurso se faz pelo viés de uma construção, ele é agenciado por toda uma lógica tributária relativa à castração na qual, mais do que aquisições, o que ocorre são perdas. Perda no narcisismo, de gozo, perda das garantias que a rigidez da posição fantasmática proporcionava. O que cada vez mais se reedita é uma dívida simbólica a ser sustentada por cada um e um desejo não mais apoiado em ideais narcísicos, mas por um campo de falta, que não se mantém de uma vez por todas, mas deve ser sustentado cada vez mais.

Portanto, as nomeações, neste funcionamento de Escola, não acontecem por um viés de atribuição, mas referem-se a uma nomeação simbólica, fruto da transmissão e sustentação de um campo discursivo agenciado pelo não saber, puro real.

A formação do analista associada às estruturas das formações do inconsciente retorna, a cada um, o trabalho de lapidação de seu percurso, feito através da articulação de muitos elementos e dispositivos.

O processo de análise pessoal é fundamental, mas não é suficiente para o surgimento de um analista, mesmo se estiver associado a um estudo independente da teoria. É preciso o trabalho com os pares, em uma lógica de transferência de trabalho, o que possibilita a manutenção de um campo constante para a elaboração possível do material fruto da análise em intensão, movido pelo que de irredutível restou.

Vê-se que não há uma formação por equações burocratizantes e de exigências de conformação a um ideal. A única garantia implicada na formação do analista obedece à lógica do só depois, pois obedece a todo um trabalho simbolizante dos efeitos de castração inerentes ao processo de cura, da abordagem da teoria, dos efeitos da transferência de trabalho entre os pares, das experiência de estudo em cartéis, supervisões, sessões clínicas, sustentação de espaços de ensino e transmissão, participação de eventos e da participação em lugares de garantia de uma Escola.

Nesta lógica do só-depois, não há espaço para garantias antecipadas, nem um saber cristalizado e fechado sobre o que é o psicanalista. Esta é a pergunta a ser sustentada por uma Escola de Psicanálise.

Insistir em uma formação por este viés, embora seja a mais ética em relação ao campo da Psicanálise, não é nada fácil.

Entramos com idealizações, expectativas, sintomas e inibições, com nossa posição fantasmática, isto é, com a posição erigida em nossa história pessoal frente um Outro, que também fazemos surgir em nosso percurso dentro da instituição. Nos espaços da Escola dos quais participamos encenamos nossas questões. Recebemos dos pares uma parceria que fortalece nossos sintomas, mas, na maioria das vezes, e é o esperado, sofremos pontuações, cortes. Este processo de vivência de grupo avessado por uma série de cortes promove, junto ao processo de análise, a elaboração de nossos conflitos edípicos e de nossas posições fantasmáticas, leva a destituições, à queda de lugares seguros. Trata-se de um percurso levado às últimas consequências.

Se entramos em uma instituição na expectativa de fazermos laços, na espera de reconhecimentos, acolhimentos, de fazermos parcerias, de finalmente estarmos entre os iguais, vamos nos conduzindo, pelo discurso analítico e pela vivência de Escola, a uma solidão fundamental. Não há como encontrar reciprocidades, pois se está irremediavelmente só. Há um limite, um abismo imposto pelo próprio fato de que falamos, pois cada um fala do lugar onde se encontra para um outro, semelhante, que escuta como pode.

E nesta brecha, ao falarmos, algo se transmite para além de nossa possibilidade de elaboração.

Finalizo com uma frase de José Nazar: "O que se transmite não se ensina."

O que há de transmissível em Psicanálise não se faz pela via de um ensino.

REFERÊNCIAS BIBLIOGRÁFICAS:

DIDIER-WEILL, Alain. **O inconsciente Freudiano e a transmissão da psicanálise**. Rio de Janeiro: Jorge Zahar, 1988.

LACAN, Jacques. **Outros Escritos**. Rio de Janeiro: Jorge Zahar, 2003, p. 248-64.

NAZAR, José. **A formação do psicanalista**. Escola Lacaniana de Psicanálise de Vitória (texto não publicado).

SIGMUND, Freud. **Obras Psicológicas completas**. Rio de Janeiro: Imago, v. XVIII, p. 91.

LAÇO SOCIAL DETERMINADO PELA PRÁTICA DE UMA ANÁLISE[1]

*João Paulo Santos Neves**

"Dilema insolúvel: de um lado, a psicanálise parece rebelde à institucionalização: de outro, como o tornar-se analista envolve o concurso de várias pessoas, sem institucionalização não há analista, por conseguinte, também não há análise".2

"Ora, o discurso analítico, o próprio, promete: introduzir a novidade".3

"A psicanálise tem a consistência dos textos de Freud".4

RESUMO: Este trabalho discute as relações entre a Escola e o Grupo à luz do discurso analítico, abordando a questão da formação dos analistas e o tipo de coletividade que seria compatível com o funcionamento pretendido por uma Escola de Psicanálise. E desenvolve a idéia de que o psicanalista, a Escola e o cartel são formações do Não Todo.

PALAVRAS-CHAVE: Discurso analítico. Laço social. Escola. Grupo.

---

1 Colóquio sobre as formações do analista. Escola Lacaniana de Psicanálise de Vitória. Novembro 2007.

* Psicanalista. Membro da Escola Lacaniana de Psicanálise de Vitória.

2 M. Safouan, *A questão da formação dos analistas.*

3 J.Lacan, *Televisão*

4 J.Lacan, *Proposição sobre o Psicanalista da Escola* - 9 de outubro de 1967.

INTRODUÇÃO

O discurso analítico enquanto laço social não se mantém vivo sem a prática institucional e sem a presença de alguma coletividade. Trata-se da aposta e da insistência em um elo social novo, na Cultura e entre os analistas que não seria através da identificação a um traço do Outro, I(A) - desenvolvido por Freud em Psicologia das Massas –, porém um laço outro em formação permanente, compatível com as estruturas da psicanálise. Em contraponto, a prática analítica, regida por uma ética do desejo e das formações do inconsciente (nível da verdade que nasce da fala), visa à elaboração teórica (nível do saber novo) para além do modelo do líder.

O QUE CONSTITUI LIAME SOCIAL ENTRE ANALISTAS?

Sabemos que Lacan fundou sua Escola a partir da lógica do não-todo - um ponto sempre escapa à transmissão integral. Os Matemas, o Cartel, a Permutação, a Função Mais-um, o dispositivo do Passe, a distinção do Gradus e da hierarquia visam ao surgimento de algo novo segundo as estruturas da Psicanálise. E podem ser lidos na escritura do discurso do analista:

$$\text{D.A.}\qquad \frac{a}{S_2} \rightarrow \frac{\$}{S_1} \quad (S_2 \parallel S_1)$$

Como fazer funcionar esta empreitada se a lógica da instituição parece tender justamente ao recalcamento da produção do novo e da diferença?

O que quero dizer é que uma Escola de Psicanálise acontece por uma razão lógica interna aos seus fundamentos e à prática de uma análise.

Diante desse algo da ordem do não-realizado, inassimilável, que só comparece para logo se perder que é o inconsciente, como sustentar um coletivo de trabalho de tipo analítico?

Em 1973, Lacan cedeu uma instigante entrevista à televisão francesa respondendo a várias questões formuladas por Jacques-Alain Miller. No texto publicado intitulado Televisão, destaca-se a seguinte afirmação: "O discurso que digo analítico é o laço social determinado pela prática de uma análise. Ele merece ser elevado à altura dos laços mais fundamentais dentre os que permanecem para nós em atividade". É a presença da psicanálise no mundo, isto é, no social e na cultura. Ainda em Televisão, Lacan nomeava ironicamente de SAMCDA – sociedade de assistência mútua contra o discurso analítico – ao grupo de analistas que não queriam nada saber do discurso que os condiciona. Mas reconhece que não querer nada saber do discurso que os condiciona não os exclui dele, pois se verifica que alguns praticantes funcionam como analistas.

Grupo X Escola?

Para avançarmos na temática da antinomia entre o Grupo e a Escola, considero fundamental articular a distinção entre Sujeito do inconsciente enquanto efeito de discurso, Massa (multidão no sentido freudiano) e Indivíduo (em sua relação com o social) para pensarmos a questão da inserção e manutenção do discurso analítico no interior de uma instituição. Segundo Gerard Pommier, "o sujeito está primeiramente dividido pelo fato de falar, pelo fato de falar a alguém, e esse direcionamento já faz com que a multidão se apresse a escolher um chefe. É por isso que é errôneo opor o social ao indivíduo. O indivíduo não se opõe à multidão, mas, porque o sujeito está dividido, procura na massa uma solução para sua divisão. Por esta razão, a massa é a pior alienação que encontra, mas é ele próprio, porque fala, quem produz a multidão onde se aliena. É porque está alienado ao que ignora em sua própria fala que o sujeito cria uma multidão que começa por dois".(p.21)

Ao trabalhar a antinomia entre a formação de grupo (sustentada pelo discurso do mestre) e a ética da Escola (escritura do discurso analítico), Antonio Quinet propõe o seguinte quadro:

GRUPO	ESCOLA
-I(A)	-S(A)
-Psicologia das Massas	-Não há O Analista
-Intimidade	-Extimidade
-Familiar	-Estranho
-Os iguais	-Heterogeneidade
-Narcisismo das pequenas diferenças	-Conviver com a diferença
-Líder	-Mais-um

O cartel, órgão de base da Escola, é um exemplo de forma de estudo que Lacan considera compatível com sua proposta, vai contra a estrutura da psicologia das massas.

O grupo se opõe ao sujeito ($) na medida em que o Outro ao qual a instituição se refere é um Outro que existe, consistente, que impede o comparecimento de falta. Diríamos que uma das maneiras possíveis é a da própria exclusão do Outro – efeito de segregação do campo da alteridade, considerando-o como inimigo ou traidor. A segregação não é um conceito psicanalítico, mas aparece desde o texto "Tabu da Virgindade" sob o nome 'narcisismo das pequenas diferenças'. Neste texto de 1919, Freud cita Crouley, cuja tese se enuncia assim: cada indivíduo é separado dos demais por um 'tabu de isolamento pessoal' - pequenas diferenças que quanto ao resto são semelhantes.

No cap. VI de Psicologia das massas e análise do eu (1921), Freud retorna à questão da segregação ao falar da natureza das relações emocionais que existem entre os homens que, à maneira dos porcos-espinhos, não toleram uma aproximação demasiado íntima com o próximo. Em todas as relações íntimas entre duas pessoas, há um fundo de sentimentos de aversão e hostilidade que permanecem recalcados. Porém, quando um grupo se forma, a totalidade desta aversão se desvanece, há uma limitação do narcisismo. "A vantagem que um grupo cultural, comparativamente pequeno, oferece, concedendo a esse instinto [satisfação da agressão] um escoadouro sob a forma de hostilidade contra intrusos, não é nada desprezível. É sempre possível unir um considerável número de pessoas no amor, enquanto sobrarem outras pessoas para receberem as manifestações de sua agressividade".

Sobre a posição analítica, a transferência de trabalho e a Escola.

Para Lacan, "o ensinamento da Psicanálise só pode se transmitir de um sujeito a outro pelas vias de uma transferência de trabalho". A transferência de trabalho é correlativa da incidência de um furo no grande Outro, a experiência do não-saber. Portanto é possível supor que a *psicanálise em extensão* comece no divã; dificultando sustentar uma verdadeira transferência de trabalho "fora" do ato analítico.

Na Proposição de 9 de outubro de 1967 Lacan diz que *"a transferência faz, por si só, objeção `a intersubjetividade"*. Numa análise, o único sujeito em questão é o paciente. Isso explica porque as palavras de convencimento do psicoterapeuta não produzem modificações subjetivas no paciente. A topologia da banda de Moebius, uma só borda, um só lado, ilustra bem o que disse Lacan: em psicanálise não há nem fora nem dentro, o analista é uma formação do inconsciente. Não há, neste sentido, a pessoa do analista. O analista paga com sua pessoa, suas palavras e seu ser. Em seu ato, deve poder desprender-se do lugar de saber que lhe é atribuído na transferência do analisando e se deixar surpreender. Na medida em que a Escola se sustenta mais de transferência de trabalho do que de intersubjetividade, ela caminha no sentido de provocar a elaboração de um saber novo.

"A posição verdadeiramente analítica é fundar doutrina a partir da fala do analisando, pois que – este é o postulado – a verdade fala por sua boca. A questão é tirar deste dizer um saber: um saber novo, sempre novo". (Situação da psicanálise na França, Philippe Julien.)

Conclusão

É no âmbito de uma questão que se mantém a formação dos analistas. O autorizar-se analista não nasce da intersubjetividade, porque esta última opera através das identificações - da identificação a um traço do Outro – e da repetição do mesmo. O analista emerge do Não Todo e da marcação simbólica da diferença. A Escola, como não poderia deixar de ser, funciona segundo a topologia do sujeito dividido ($). Surge e se mobiliza no ponto onde falta uma resposta para a questão: o que é o analista? Como alguém se torna analista? Qualquer resposta proposta deixará um indelével resto que, pela intervenção do discurso analítico, poderá se transformar em causa de trabalho.

ADENDO:

É o preço que custa a simbolização disso que não serve para nada, inútil gozo: o qual, ao mesmo tempo em que delicia, paralisa o neurótico. Se existisse uma equação do desejo de Escola, esta poderia ser o divã, o particular de cada caso clínico faz furo real no conjunto da teoria. É um fato. A teoria nos dá a régua e o compasso, as necessárias coordenadas estruturais da clínica. Porém suas balizas representam apenas o início do xadrez analítico. Sabemos que, numa psicanálise, a resposta está a serviço da questão do sujeito. De modo análogo, o percurso numa Escola de Psicanálise também é da ordem de uma construção sustentada pela prática de uma análise – "prática teórica" através da qual se depura o traço distintivo de cada analista praticante no encaminhamento que faz de sua transferência de trabalho. A relação Grupo-Escola mantém, portanto, alguma tensão mútua, antinômica. Mas é preciso prudência ao lidar com este dilema, pois privilegiar a invenção em detrimento da tradição da Psicanálise implica o risco de fechar a questão da transmissão em torno de um novo ideal, uniformizador, endereçada à Psicanálise e expressa na seguinte formulação: quanto mais se paga (cifrando o sintoma), mais se perde (gozo), mais se ganha (ascensão, no Outro, a uma posição de sujeito desejante). Discurso analítico é uma expressão que nomeia tanto a prática do analista quanto a prática do analisando.

Na medida em que o Outro ao qual a Instituição se refere é um Outro consistente, que exorta e ordena a trabalhar e produzir objetos de gozo "para ele", o comparecimento de falta, a questão do sujeito dividido ($) é esquecida. Neste sentido, o intransmissível da Psicanálise restará sempre inassimilável ao discurso do mestre, a prevalência deste último produzirá o efeito monotonia e a anestesia da virulência própria ao inconsciente e à transmissão.

Referências bibliográficas

FREUD, Sigmund. Totem e tabu. In:______. **Obras Psicológicas completas.** Rio de Janeiro: Imago, 1974. v. XIII.

_______. Recomendações aos médicos que exercem a psicanálise. In:______. **Obras completas.** Rio de Janeiro: Imago, 1969. v. XII.

_______. Recordar, repetir e elaborar: novas recomendações sobre a técnica da psicanálise II, In:______. **Obras Psicológicas completas.** Rio de Janeiro: Imago. v. XII.

_______. Conferência XXVII: A Transferência. In:______. **Obras Psicológicas completas.** Rio de Janeiro: Imago. v. XVI.

_______. Além do princípio do prazer. In:______. **Obras Psicológicas completas.** Rio de Janeiro: Imago. v. XVIII.

_______. Psicologia das massas e análise do eu. In:______. **Obras completas.** Rio de Janeiro: Imago, 1974. v. XIII, p. 128.

_______. O Futuro de uma Ilusão. In:______. **Obras completas.** Rio de Janeiro: Imago, 1974. v. XXI.

_______. O Mal-estar na Civilização . In:______. **Obras completas.** Rio de Janeiro: Imago, 1974. v. XXI.

LACAN, Jacques. **Escritos.** Rio de Janeiro. Jorge Zahar.

_______. De nossos antecedentes. In:______. **Escritos.** Rio de Janeiro: Jorge Zahar, 1998, p. 69-76.

_______.**Televisão.** Rio de Janeiro: Jorge Zahar, 1993, p. 29-34.

MILLER, Jacques-Alain (1980). **Lacan Elucidado.** Rio de Janeiro: Jorge Zahar.

POMMIER, Gerard. **Freud Apolítico?** Porto Alegre: Artes Médicas, 1989.

DIDIER-WEILL, Alain. **O inconsciente Freudiano e Transmissão da Psicanálise.** Rio de Janeiro: Jorge Zahar, 1988.

A CONSTITUIÇÃO DA PSICANÁLISE EM EXTENSÃO NA FORMAÇÃO DO PSICANALISTA E SUA RELAÇÃO COM A CONSTITUIÇÃO DE UM ARTISTA[1]

*Ligia Maria Quintanilha Merhi**

RESUMO: O artigo pretende fazer uma comparação entre a formação de um psicanalista e a de um artista, a partir da indicação de Lacan no seu seminário sobre o Synthome, no qual aborda a criação literária de James Joyce. Trata igualmente da necessidade de uma formação permanente para um psicanalista em uma Escola, a fim de que os pares possam referenciar seus novos objetos de erotização na re-invenção da Psicanálise.

PALAVRAS-CHAVE: Psicanálise em extensão. Sublimação. Permuta. Passagem ao público. Feminilidade. Transferência de trabalho.

I – INTRODUÇÃO

Há cerca de vinte e poucos anos, escrevi um texto no qual tratei os artistas como deuses e os psicanalistas como mortais. Isto a partir do indicativo de Freud, de que os artistas eram seres diferenciados por terem

---

1 Colóquio sobre as formações do analista. Escola Lacaniana de Psicanálise de Vitória. Novembro, 2007.

* Psicanalista. Membro da Escola Lacaniana de Psicanálise de Vitória

uma frouxidão maior nos recalques. O que seria um privilégio, pela capacidade maior de sublimar.

Hoje percebo o quanto os analistas lacanianos estão próximos dos artistas, no sentido de portarem a marca[2] daqueles que levam em conta o real em suas produções.

Respeitando a advertência de Lacan, pretendo fazer uma conexão entre a formação de um psicanalista e a de um artista: "a única vantagem que o psicanalista tem o direito de tirar do artista (...) (...) é a de lembrar, com Freud, que em sua matéria o artista o precede"[3]

A insistência nessa comparação se fortalece com a leitura do Seminário 23[4], em que Lacan cita a estrutura formada por quatro elementos: R, S, I e mais um – O Sinthoma, deslocando, definitivamente, o que já iniciara no Seminário anterior "R.S.I.": a passagem da dimensão simbólica para a do real como causalidade psíquica. E ilustra essa virada através do fazer artístico de James Joyce.

II – As Comparações entre o Artista e o Psicanalista

A primeira comparação que faço é que ambos se utilizam, em suas produções, da marca estrutural do ser falante: o desamparo fundamental de sua constituição originária na posição de dejeto. Isso porque, pela prematuridade da condição humana ao nascer, o indivíduo fica totalmente submetido por um longo tempo às prescrições do Outro, o que dificulta sua saída desse total submetimento.

Artista e psicanalista se utilizam desse ponto real originário, do qual a humanidade não quer saber, [5] não quer desvelar. Ao contrário, eles se lançam em direção a esse abismo real do humano: o de ser o

---

2 LACAN, Jacques. Nota Italiana. In: *Outros Escritos.* Rio de Janeiro: Jorge Zahar, 2003. p. 313.
3 LACAN, Jacques. Homenagem a M. Duras In: *Outros Escritos,* Jorge Zahar Ed, p. 200.
4 LACAN, Jacques. O Sinthoma – *Livro 23,* Jorge Zahar Ed. RJ, 2007.
5 LACAN, Jacques. Nota Italiana. In: *Outros Escritos,* Jorge Zahar Ed. RJ, p. 313.

rebotalho em sua constituição subjetiva. Entretanto, apesar de ambos levarem em conta o real como matéria-prima, eles se distinguem radicalmente quanto ao SABER sobre esse ponto. Somente o psicanalista lacaniano vai ao encontro dele, a fim de abocanhar, aos pedaços, o saber que existe no real.

Além disso, construir algo com esse saber parece trazer efeitos diferenciados na estrutura subjetiva. O que se pode inferir das poucas modificações que ocorrem na vida privada de um artista, enquanto o psicanalista dá mostras de ter se deslocado da miragem de sua pretensa autonomia. Para tal, é necessário verificar se esse saber, construído ao redor desse ponto real originário, foi introduzido no circuito pulsional.

Daí a necessidade de estar associado a uma Escola de **formação permanente**, a fim de que seus pares possam sempre referenciar seus novos objetos de erotização como, por exemplo, a re-invenção da psicanálise, através de novas teorizações ou um trabalho de conexão com os outros campos. E, para alimentar esses novos circuitos eróticos, é necessário verificar os efeitos de arrebatamento que causam suas produções e seus ditos quando levados ao público, principalmente nesse pequeno público do funcionamento em **cartel**.

Não seria esse arrebatamento uma das fontes do entusiasmo?

A palavra entusiasmo, "animado pelo bom êxito obtido numa obra", fala disso.

A questão da "**passagem ao público**", e sua importância na formação de um psicanalista, mostra porque a Psicanálise em Intensão não basta para o surgimento de um psicanalista.

Neste ponto, Lacan é taxativo: "(...) se ele não é levado ao entusiasmo, é bem possível que tenha havido análise, mas analista nenhuma chance".[6]

Aliás, anos antes, na primeira versão da Proposição de nove de outubro de 1967, ele já anunciava que: a raiz da experiência do campo da psicanálise, colo-

6 LACAN, Jacques. Nota Italiana. In: *Outros Escritos*, Jorge Zahar Ed. RJ, p 313.

cada em sua extensão, única base para motivar uma Escola, deve ser encontrada na própria experiência analítica, tomada como intensão.[7]

O que seria, então, uma Psicanálise em Extensão? Como ela se constitui e qual a sua importância para o surgimento de um psicanalista?

III – A Constituição da Psicanálise em Extensão

Segundo P. Julien, em entrevista sobre o Passe, o momento da constituição da Psicanálise em Extensão é breve (2, 3 anos) e provisório. Isso faz pensar que é um acontecimento, que é algo que só pode se dar na singularidade e no tempo de cada um e que precisa ser testemunhado para ter efeitos no próprio sujeito e na Escola.

Qual seria a relação do Passe com a constituição do plano da Extensão?

Aqui, retomo um texto que escrevi há cerca de dez anos, quando fazia parte da Comissão de Garantia: "Psicanálise em Extensão e a Permuta e suas correlações com o Passe".

Quando li este trabalho em público numa apresentação na Escola, lembro-me do reconhecimento do Nazar, dizendo que esta era uma nova forma de trabalhar a **extensão** e que deveria retomá-lo num próximo encontro com os pares. Nesse ano de 2007, para surpresa minha, um dos membros da Escola, lendo esse texto que estava arquivado sem o meu nome, pensou tratar-se de um escrito de Charles Melman. Esse fato fez com que o retomasse com todo vigor e entusiasmo, por verificar que estava no caminho certo.

Com esses dois exemplos, dou testemunho da importância da passagem ao público para a sustentação do entusiasmo.

Retomo este texto, a fim de fazer outras articulações e avançar na teorização desse ponto.

---

[7] DIDIER-WEILL, A. (org) – *Fim de uma Análise, Finalidade da Psicanálise*, Jorge Zahar ED. RJ, p200

Partindo do que Lacan diz na Proposição:

Conforme a topologia do plano projetivo, é no próprio horizonte mesmo da Psicanálise em Extensão que se ata o circulo interior que traçamos como hiâncias da Psicanálise em Intensão (...). Esse horizonte, gostaria de centrá-lo em três pontos de fuga em perspectiva, notáveis por pertencer, cada um deles a um dos registros"[8].

Comecemos por situar o que é um Plano Projetivo, dentro da Geometria Projetiva[9] que trata de figuras geométricas constituídas por **projeção**. A característica dessa Geometria é que para projetar um ponto para um ponto equivalente a ele do lado oposto, se deve passar por um único ponto de origem.

Dentro desse contexto, **projeção** é a transposição de pontos e limites de um plano para outro equivalente ao original.

Constituição da Psicanálise em Extensão
a partir da Psicanálise em Intensão

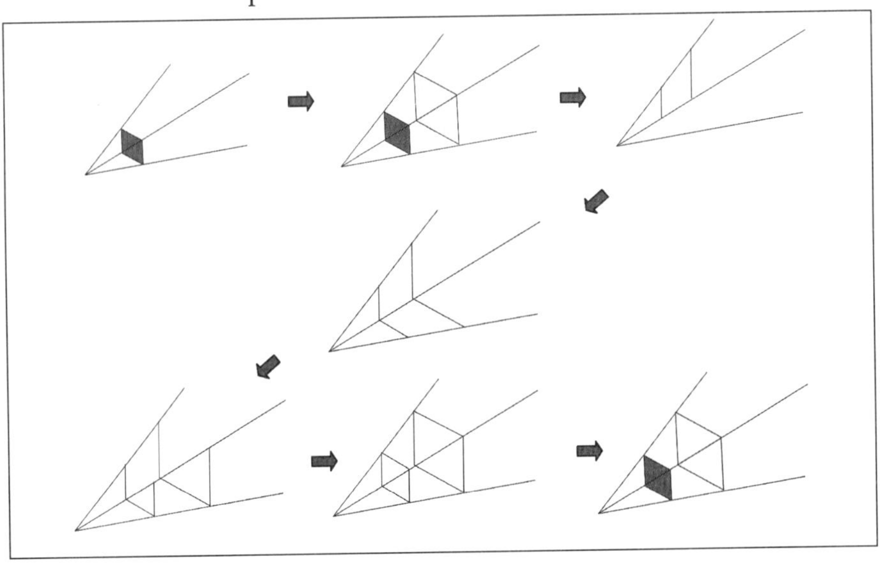

[8] LACAN, Jacques. Proposição. In: *Outros Escritos*, Jorge Zahar Ed. RJ, p 261.

[9] Mais um exemplo da colaboração de um dos pares na Escola; com o saber que tinha nessa área, ela fez que eu pudesse avançar neste ponto.

Percebe-se claramente, desenhando os dois planos pela via da Geometria Projetiva, que a Psicanálise em Extensão e a Psicanálise em Intensão são dois planos distintos. Mas que, apesar da distinção tópica, uma é a projeção da outra e que a Intensão é o ponto de origem da constituição da **extensão**.

Entendo o que Lacan cita como o horizonte do Plano Projetivo centrado nos três pontos de fuga, como correspondente aos três registros do R.S.I. e constituinte do nó subjetivo. Este só pode ser apreendido pela via projetiva, por ser a única forma de destacar os traços estruturais advindos do Outro. Como o sujeito recebe a mensagem de forma invertida, esta só pode ser lida pelo viés da projeção.

"**Ser confirmada pelo avesso**" – frase que fiz, durante a supervisão[10], quando me surpreendi com a leitura desse lugar de dejeto, ao qual fiquei tão "agarrada" e que me causou tanto sofrimento. Nesse outro momento de minha análise, descubro, com espanto, que me era muito precioso na condução das análises, já que me favorecia frequentar mais o lugar de semblante de a para os meus analisandos.

Avessar uma certeza, fazendo uma leitura radicalmente diferente do que eu reconhecia ser meus próprios traços, é um momento de passagem que me possibilita ir construindo o plano da **extensão**.

Desta forma, a constituição do plano extensivo vai se dando ao longo da análise intensiva, em que cada um PAI / VAI (ato falho)[11] se descolando de...

Sigo, então, outro rumo e me deixo levar pelas associações que me são impostas.

O que seria descolar do pai?

Acredito ser a partir de um determinado momento do percurso analítico, quando o sujeito passa a não ser mais sustentado pelos ideais construídos com suas referências fálicas (a versão paterna para o desejo da mãe). Com isso se dá a perda da propriedade privada, porque caem os significantes mestres que restavam até então sua subjetividade.

---

[10] Aqui, destaco novamente a importância da Escola com seus lugares de GARANTIA.

[11] Aqui, cometo um *ato falho*: ao invés de *vai* se descolando, coloquei *pai*.

Philippe Julien diz ser a perda do nome próprio reduzido ao comum. Caem os véus alienantes e surge o real da estrutura.

Com isso, a constituição do plano da Psicanálise em Extensão faz efeitos não só sobre o narcisismo do psicanalisante, como também repercute numa Escola, favorecendo um funcionamento mais analítico e a permuta entre seus membros.

Permuta, no sentido dado por Guy Clasters, que me fisgou: não há o todo-psicanalista. É a falta do Outro que permite um novo laço social, impõe o um-a-um dos ditos; que um venha lembrar o que o outro esqueceu. Isso fala da **permutação**. E ela se impõe como laço social pelo fato de que para cada um, o outro não disse tudo.

Neste ponto é preciso distinguir o que seria passar do nome próprio para o comum a todos, a fim de ser partilhado entre os pares e o nome próprio, enquanto estrutura escrita, que é da ordem da letra, e que recebe a informação do traço unário, que é o que se tem de mais próprio, de singular, em cada sujeito.

Neste momento crucial da Psicanálise em Intensão, em que o psicanalisando vai retirando suas vestimentas imaginárias, desnodulando, desnudando ...(ato falho)[12]. É, de fato, uma experiência de desnodulacão, de des-subjetivação.

A experiência psíquica de perdas de contornos: a dissolução da ordem fálica coloca em questão nossas crenças mais fundamentais. Esse percurso por caminhos imprevisíveis e nos limites do indizível é uma experiência psíquica marcada pelo horror, porque desconstrói o mito que você construiu a partir do enquadre fálico (fantasmático).

É esse novo plano sendo construído em forma de extensão que acredito ser o território da **feminilidade**, porque corresponde a um registro psíquico que se opõe ao falo.

Enquanto *"no registro fálico o sujeito busca a universalidade e o domínio das coisas dos outros, no para além o falo, a postura se volta para o particular, para o relativo, para o não controle das coisas (...)" (...) "A femi-*

12 Aqui cometo outro ato falho ao invés de desnudando, desnodulando.

nilidade é o correlato de uma postura heterogênea, que marca a diferença de um sujeito em relação a qualquer outro"[13].

É nesse momento, que acredito ser o da constituição da Psicanálise em Extensão, que pode haver de fato uma comunicação horizontal entre os membros de uma Escola, como diz Julien comentando a Proposição de Lacan: *"Só pessoas que estão no mesmo, que estão no passe, que estão dentro desse momento provisório, podem entender"*[14].

Essa é a condição do funcionamento analítico de uma Escola: a partilha do que cada um foi destacando do saber do real.

Por outro lado, na medida em que esses destacamentos das imagens do pequeno i que revestiam o *a*, enquanto objeto causa de desejo, vão ocorrendo nas análises didáticas (intensão) e constituindo a extensão, o convívio entre os membros fica muito difícil. Há o risco de cisões devido ao comparecimento das diferenças e à queda das demandas amorosas. Além disso, esses pontos originários só são passíveis de serem simbolizados após repetidamente serem encenados ou atribuídos ao outro pelo viés da projeção; o convívio pode chegar ao nível do insuportável, pelos efeitos paranóicos que surgem como defesas diante da proximidade do real do desamparo estrutural desvelado.

IV – O Desamparo estrutural

Esses momentos de passagem dizem respeito ao puro instinto de morte, por serem sem representação de palavra no psiquismo.

Neste ponto os artistas nos precedem: "O talento e a polidez em relação à matéria, consiste em dar um canto ao que estava mudo."[15]

Experiências de puro afeto, por serem vividas antes da constituição do circuito pulsional, porque neste tempo arcaico de construção do eu

[13] BIRMAN, Joel. *Cartografias do Feminino*. Edit 34, SP. 1999, p. 10.
[14] JULIEN, P. Entrevista sobre o passe no Rio de Janeiro.
[15] GENET, Jean. *Diário de um Ladrão*, Nova Fronteira, RJ, 2005, p. 100.

real originário ainda não existe separação do Outro. O que caracteriza esse tempo é a plenitude da intensidade pulsional, em que a terraplanagem de gozo, ou seja, os "diques" significantes, ainda não se deu porque não se fechou o circuito pulsional.

Experiência altamente traumática, na medida em que não pode ser simbolizada por ser vivida numa etapa anterior ao advento do eu como objeto de um outro.

Vivências incestuosas desta etapa moldam as experiências psíquicas posteriores. Lacan nos "Complexos Familiares" frisa: "Neste momento fusional a mãe, ao mesmo tempo, recebe e satisfaz o mais primitivo de todos os desejos..."[16].

Isto explica, continua Lacan, porque: "A imago materna se prende às profundezas do psiquismo e que sua sublimação seja particularmente difícil"[17].

E nos adverte de que "essa imago tem que ser sublimada para que novas relações se introduzam no grupo social e para que novos complexos as integrem no psiquismo"[18].

Se isso não ocorrer, essa imagem, a princípio salutar em sua origem, por ser fonte do investimento materno de vida articulada num circuito pulsional, transforma-se num fator de morte subjetiva.

Mesmo abrindo caminho para os complexos de castração e do Édipo, pontos reais originários dessa fase dual, não sublimados, retornam incessantemente num agir repetitivo, até que possam ser articulados discursivamente.

Se isso ocorre, através de uma análise em intensão, novas saídas que não as do masoquismo e do sadismo poderão ser construídas. Isso porque, na medida em que essas novas articulações são feitas num outro tempo, não serão inscritas no mesmo nível estrutural. Desta forma, podem ser estabelecidos novos circuitos erógenos e outras formas de sublimação tornam-se possíveis.

Pode-se, a partir daí, testemunhar a real separação reciprocamente o EU e o Outro!

---

16 LACAN, J. Os Complexos Familiares. In: *Outros Escritos*, , Jorge Zahar Ed. RJ, p. 40.

17 Idem, p 41.

18 Idem.

V – A Psicanálise em Extensão e o Estabelecimento da Transferência de Trabalho

Com a real separação do Outro, o psicanalista pode frequentar mais essa nova posição subjetiva. Não mais aquela de se ofertar ao Outro masoquisticamente, nem de subjugá-lo sadicamente, por se deparar com o horror do desamparo.

Esse é um momento propício ao estabelecimento da transferência de trabalho, ou seja, não mais aquela da via "amoródio" (amor+ódio) de trabalhar para o Outro. Passa-se a ser movido por uma espécie de mestre interior. Por um desejo que ressurge a cada nova teorização, a cada diálogo com os pares, porque a Psicanálise já é o novo objeto e fonte de erotização.

As palavras se impõem num texto autoral. Por estar separado do Outro, o sujeito não se deixa mais esmagar pelos seus ditos. Este momento também é propício a uma interlocução com os pares de forma empenhada num diálogo.

Não sendo mais usados de forma alienada os significantes de Freud e Lacan, surge a possibilidade de falar do seu jeito e construir o seu estilo, dando cor e relevo aos traços antes apagados pela sombra do Outro. "Um ser que pode ler seu traço é suficiente para que ele possa reinscrever-se em outra parte"[19].

VI – A Necessária Passagem ao Público na Constituição do Plano da Extensão

Assim como para o artista, a passagem ao público é necessária também para o psicanalista, para testemunhar e ver confirmada a sua nova forma de ser designada em seu ser.

[19] LACAN, J. *Seminário de um Outro ao outro.* Publicação Interna do Centro de Estudos Freudianos de Recife, 2004, p 306.

A constituição do campo da Psicanálise em Extensão é similar à construção de uma obra cujo personagem, na medida em que vai se construindo, vai se modificando. Nessa construção, deve-se aprender com o fazer artístico.

Jean Genet é exemplo para nós analistas, na medida em que faz as obcenidades virem à tona, sem piedade de si, sem pudores, exaltando o ponto do dejeto, de forma audaciosa:

> (...) essa vida miserável (...) nunca tentei fazer dela nada além do que era, não tentei enfrentá-la, mascará-la, ao contrário, eu quis afirmá-la em sua exata sordidez (...)[20].

Ao incluir em sua obra aquilo que a humanidade coloca totalmente à margem, Genet nos ensina a trazer para nossos relatos o que havíamos recalcado, "o tudo menos isto", descrito tão bem por Freud em seu texto "A Negativa".

> Eu me espantava de me descobrir composto de imundícies (...) (...) tornei-me objeto (...)[21]. A minha abjeção era o meu desespero. E o desespero é a própria força e ao mesmo tempo a matéria para o abolir[22].

Reconhecer como seu esse traço apagado, excluído de si, incluir essa dimensão desconhecida do "si-mesmo", confrontar-se com sua condição originária de puro dejeto, é condição para o surgimento de um psicanalista.

Genet nos inspira e ilustra, com seu texto literário, a forma de lidar com o destino da abjeção (de todos nós) sem o negar, sem o recalcar. Ao contrário, em seus escritos esse lugar de dejeto parece ser elevado à dignidade da Coisa. Indicativo de possibilidade sublimatória.

---

20 GENET, J. In *Diário de um Ladrão*, p 23.

21 GENET,J. Idem, p 156.

22 GENET,J. Idem, p 22.

Não seria essa a prescrição de Lacan na Nota Italiana na qual diz que

"é preciso circunscrever a causa de horror de ser a partir do lugar de dejeto e ser, com isso, levado ao entusiasmo"[23].

A definição do dicionário Caldas Aulete para entusiasmo é "movimento extraordinário da alma que excita o homem aos atos de dedicação, de heroicidade e de extremo valor". Genet também nos ensina como fazê-lo:

> (...) eu escrevi uma secreta história com detalhes tão preciosos quanto a história dos grandes conquistadores. Era preciso, pois, que tais detalhes me compusessem o mais estranho, o mais raro dos personagens[24].

O momento de passagem à *extensão* culmina com a fabricação de um novo ser, a partir do si-mesmo, antes excluído de si.

> Sabemos que a nossa linguagem é incapaz de sequer lembrar o reflexo daqueles estados defuntos, estranhos. O mesmo se diria com esse diário inteiro se ele tivesse de ser a notação do que eu fui. Por isso esclareço que ele deve informar sobre quem sou hoje quando o escrevo.
> Não constitui uma busca do tempo passado mas uma obra de arte cuja matéria – pretexto é a minha vida de outrora... Saiba-se, pois, que os fatos foram o que eu escrevo, mas a interpretação que deles extraio é o que sou – agora[25].

Assim como ocorreu com Joyce, como ilustrou Lacan, a obra permitiu a nomeação de seu autor. Esse novo ser, constituído a partir da intensão, o analista precisa também ser nomeado, referendado pelo público. E, da mesma forma que se precisa de um público específico, o psicanalista necessita da Escola para tal nomeação.

---

23 LACAN, J. *Nota Italiana*, p 314,
24 GENET,J. Idem, p92.
25 GENET,J. Idem, p68.

> É preciso que haja um outro que autentique o dito, que o receba de tal maneira que ele possa ser transmissível, que ele conte a história a outros e assim sucessivamente[26].

Assim como no chiste o sujeito se revela com a dimensão de uma assunção do desejo que se autoriza dele mesmo para se revelar, o psicanalista também precisa dar o testemunho de que está freqüentando com mais assiduidade o campo da *extensão.*

Aqui recorro ao Seminário 24 L'Insu...[27] no qual Lacan recorta o saber-fazer-aí – com o sinthoma, ou melhor, com o material depurado do sintoma, inventa-se, aos poucos, uma outra forma de se virar com isso.

> a minha vida de mendigo me terá feito conhecer os faustos da abjeção, pois era preciso muito orgulho (isto é amor) para embelezar esses personagens imundos e desprezados. Precisei de muito talento. Ele me veio aos poucos[28].

Sinthome, neste seminário[29], é definido por Lacan como "o que não cessa de se inscrever" e retorna de modo incessante e inexorável. O Necessário aqui visto, em última instância, como aquilo do qual não é possível se desembaraçar.

A divulgação no público desses pontos abocanhados do real remete à crueza e à nudez da falta. Testemunho do que se pode fazer ao frequentar essa nova posição.

Que a Escola receba o impacto daqueles que se autorizarem a se lançar para além da significação fálica e que o exercício na Extensão possa ecoar em cada um que estiver no mesmo ponto extensivo.

Este para além da significação fálica diz respeito ao território da *feminilidade.* Esse empuxo a esse campo – o do objeto *a*, despido das vestimentas fálicas e referenciado tanto ao S (Ⱥ) (ausência de um significante

26 LACAN, J. As Formações do inconsciente, *Livro 5*. Jorge Zahar ED. RJ. Cap VI.

27 LACAN, J. *Seminário 24* – Estabelecido Aula de 16/11/76.

28 GENET, J. Idem, p 25.

29 LACAN, J. *Seminário 24* – Estabelecido Aulas de 19/04/79 e 16/11/76.

no campo do Outro), quanto ao Φ (falo simbólico) como marca estrutural do traço unário, possibilita a reinvenção da teoria e seu reinvestimento na prática de forma erotizada. Esta não seria a fonte primordial do *entusiasmo*, que Lacan diz ser necessário para sustentar o desejo do analista?

REFERÊNCIAS BIBLIOGRÁFICAS:

GENET, Jean. **Diário de um Ladrão**. Rio de Janeiro: Nova Fronteira, 2005.

LACAN, Jacques. Nota Italiana. In: _______. **Outros Escritos**, Rio de Janeiro: Jorge Zahar, 2003.

_______. Homenagem a M. Duras. In: _______. **Outros Escritos**, Rio de Janeiro: Jorge Zahar, 2003.

_______. Proposição. In: _______. **Outros Escritos**, Rio de Janeiro: Jorge Zahar, 2003.

_______. Os Complexos Familiares. In: _______. **Outros Escritos**, Rio de Janeiro: Jorge Zahar, 2003.

_______. **Seminário de um Outro ao outro**. Publicação Interna do Centro de Estudos Freudianos de Recife, 2004.

_______. **O seminário**: livro 5: as Formações do Inconsciente, Rio de Janeiro: Jorge Zahar, 1999.

_______. **O seminário**: livro 23: o sinthoma, Rio de Janeiro: Jorge Zahar, 2007.

A EXTENSÃO DA PSICANÁLISE[1]

*Paulo Cezar Carleti**

RESUMO: O percurso da formação de um psicanalista vai da Psicanálise em intensão à Psicanálise em extensão. Tal percurso é abordado, neste artigo, pelas vias dos significantes de Lacan - sujeito suposto saber, cartel e passe - e dos significantes de Freud - Publikum e Öffentlichkeit. É de extrema importância a função de uma Escola de Psicanálise neste percurso, pois, sem ela, é improvável a formação analítica. Os conceitos de reinvenção da psicanálise e travessia do fantasma são articulados às duas modalidades da Psicanálise, a intensão e a extensão.

PALAVRAS CHAVES: Psicanálise em intensão. Escola de Psicanálise. Psicanálise em extensão.

A psicanálise em extensão seria aquela que ocorre fora dos consultórios? O que é necessário para que a psicanálise em extensão possa vir a se constituir? Uma Escola de psicanálise, a ela se faz necessária?

Pode-se dizer que aqueles que se submetem a uma experiência de psicanálise em intensão e são afetados pelo inconsciente — tendo a con-

---

1 Colóquio sobre as formações do analista. Escola Lacaniana de Psicanálise de Vitória. Novembro 2007.

* Psicanalista, Membro da Escola Lacaniana de Psicanálise de Vitória-ES

vicção de que o inconsciente existe, passando, inclusive, a indicar e encaminhar outros para também se submeterem a uma análise — estariam praticando a Psicanálise em extensão?

É impossível não reconhecer que há disseminação da Psicanálise nesses casos. Para disseminar a Psicanálise, não é necessário que o sujeito esteja inserido em uma Escola, ou tome alguém em análise em seu consultório. O que, então, marca a diferença entre o disseminar a Psicanálise pelo mundo e a Psicanálise em extensão? Há diferença?

Falando sobre a prática da Psicanálise, Lacan comenta que não existem duas psicanálises, mas dois lugares de sua existência, "... dois momentos de junção do que chamarei [...] de Psicanálise em extensão, ou seja, tudo o que resume a função de nossa Escola como presentificadora da Psicanálise no mundo e, Psicanálise em intensão, ou seja, a didática, como não fazendo mais do que preparar operadores para ela".[2]

Ao estabelecer o conceito de Psicanálise em extensão, Lacan deixa claro e nomeia a função e responsabilidade da Escola. Lacan diz que cabe à Escola, através dos seus membros, fazer presentificar, fazer vigorar e tornar duradoura e vitalícia a existência da Psicanálise no mundo. Diz, também, que os analistas, operários da Psicanálise em extensão, são capacitados e formados na Psicanálise em intensão.

Com estes dados de Lacan podemos formular a seguinte frase: a Psicanálise em intensão prepara, capacita, cria condições para que o analisando, através dos dispositivos da Escola, faça presentificar a Psicanálise no mundo, ou seja, faça existir a Psicanálise em extensão.

Philippe Julien, em *Fim de uma análise, finalidade da psicanálise*, baseando-se na obra de Lacan, especifica os meios em que é possível fazer a Psicanálise comparecer num além do *setting analítico*: "... a segunda (a Psicanálise em extensão) é a presentificação da Psicanálise nesse alguém que é a opinião pública, no que ela lhe é presentificada: através de um ensino, através de uma Escola, através de uma presença social do autodenominado analista".

---

[2] Lacan, J. *Outros Escritos*. Proposição de 9 de outubro de 1967, p. 251.

Como o ensino da Psicanálise, a Escola e seus dispositivos e a presença do analista no social podem presentificar a Psicanálise na opinião pública?

O ensino da Psicanálise nos oferece diretrizes, significantes de Freud e Lacan, para irmos além, para avançarmos em suas descobertas psicanalíticas que outrora foram deixadas para nós. Desta maneira, a Psicanálise será colocada na ordem do dia, ou seja, será atualizada com os novos fenômenos gerados pelo homem no mundo, que o põe sempre em transformação e com o movimento dos humanos neste, seja frente ao próprio desejo, frente ao outro ou frente à natureza.

Somente através do novo saber produzido por cada sujeito, a doutrina da Psicanálise pode ser renovada, pois a mesma não é transmitida, mas reinventada. A Psicanálise é reinventada a cada vez que um analista elabora uma teoria psicanalítica a partir de sua prática, por isso fala-se que ela é reinventada uma por uma, uma de cada vez.

A reinvenção da Psicanálise se faz através da Escola e de seus dispositivos de trabalho com a prática. A teorização da prática realizada em cartéis, passes, seminários e sessões clínicas oferece suporte ao analista para que se faça munido e preparado a fim de levar a Psicanálise para fora dos consultórios e além da Escola, em instituições diversas, públicas ou privadas, escolas, hospitais, presídios etc.

As associações livres, realizadas em análise ou numa Escola de Psicanálise, referem-se a suposições de saber formuladas a partir da experiência que o sujeito tem com os seus significantes. O comparecimento repetitivo dos significantes em ato faz com que o sujeito construa um saber sobre sua verdade experienciada. A cada vez que o analisando constrói um saber sobre si ocorre uma queda do *SsS*, pois, deste, já não esperou uma resposta. Trata-se, nesses casos, de momentos de passagem em que o sujeito atravessa, pois agora é possível perceber a posição que esse sujeito ocupava junto ao outro e a nova posição conquistada.

Pierre Kaufmann, no Dicionário Enciclopédico de Psicanálise, ao referir-se à Psicanálise em intensão, cita Freud dos "Três ensaios sobre a teoria da sexualidade": "Devemos pois indicar em nossas concepções que é preciso afrouxar aí a ligação entre a pulsão e o objeto".

A partir dessas afirmações é plausível questionar como, na análise em intensão, é possível conquistar uma maior liberdade entre a pulsão do sujeito e o objeto que, imaginariamente, irá satisfazê-la.

Ainda em Kaufmann, na mesma página, Lacan responde a essa questão fazendo uso do significante *travessia da fantasia:*

> [...] quando o sujeito se vê abalado em sua base identificatória narcísica e fálica pelo reconhecimento do que era como objeto no desejo do Outro bem antes de seu nascimento: [...] Ali onde isso era, pode-se dizer, ali onde se era, gostaríamos de fazer com que se entendesse, é meu dever que eu venha a ser como sujeito. (Kaufmann, 1996)

Desse modo, pelos caminhos do afrouxamento entre pulsão e objeto freudianos, ou da travessia da fantasia lacaniana, o sujeito avança em sua análise pessoal, despe-se dos significantes próprios, transformando-os em significantes comuns, quaisquer. Com a vergonha e o pudor extraídos dos seus significantes, o sujeito poderá usá-los na invenção de novos saberes. Daí a possibilidade de o sujeito poder falar no público a partir dos seus significantes.

A invenção do saber pelo analisando se dá através do recorte dos seus significantes e dos significantes de sua clínica, assim como suas articulações com os significantes de Freud e Lacan. O analisando está, portanto, engajado, implicado e exposto ao saber inventado a que vai enunciar.

Ainda é preciso saber identificar na prática se houve Psicanálise em extensão em trabalhos realizados dentro de instituições. Não é possível identificar essa possibilidade de modo generalizado e cada analista deve se questionar a esse respeito, Um a Um. Pode ser que para alguns isso ocorra e para outros, não. Saber se os trabalhos produzidos por cada analista foram originados de uma falta, de um não saber a respeito da clínica ali experienciada, pode ser considerado um indicativo de resposta.

É a partir do reconhecimento dessa falta que se pode teorizar sobre o assunto. Nesses casos, o analista está contido, implicado no trabalho produzido junto à instituição, o que difere bastante de um outro que produza um trabalho sem se implicar, apenas repetindo um saber já dado.

A teorização psicanalítica é realizada em torno da falta que ambas as partes (o analista e a instituição) possuem e a partir da qual desejam saber; ela é transmitida; atravessa ambas as partes. Para que a extensão exista, é necessário que haja implicação do analista naquilo que está fazendo e que esse engajamento também ocorra do lado do outro, a quem a Psicanálise em extensão é direcionada.

O retorno do sujeito da instituição referente às pontuações e intervenções do analista também pode servir como indicativo para a constatação, ou não, da presentificação da Psicanálise em extensão.

No percurso de formação psicanalítica, que vai da Psicanálise em intensão à Psicanálise em extensão, o sujeito dirige sua palavra para três diferentes destinatários.

Num primeiro momento, fala para o analista *SsS*.

Ao fazer pares na Escola e constituir-se em cartéis, num segundo momento, além de continuar a falar para o SsS, começa a falar para um público pequeno, o *Publikum*.

No terceiro momento, após ter passado exaustivamente pelo suporte e amparo do *SsS* e do *Publikum*, o analisando não ficará na dependência da palavra do *SsS* para construir um saber. Ele poderá fazer isso por si só e com a interlocução do *Publikum*, e dirigi-lo a um público qualquer, o público que Freud nomeou de *Öffentlichkeit*, ou seja, os mais diversos públicos possíveis.

À medida que vai ocorrendo quedas do *SsS*, o sujeito poderá dirigir-se, com a sua doutrina psicanalítica reinventada, ao *Öffentlichkeit*. À medida que um cai, o outro emerge. A presença do *SsS* é inversamente proporcional à presença do *Öffentlichkeit* para o analisando. Ou seja, primeiramente o analisando se dirige àquele que supõe ter um saber sobre si e sobre o mundo e, finalmente, se dirige àqueles que supõe precisar de um saber sobre si e sobre o mundo.

Vale lembrar que o sujeito submetido a uma formação psicanalítica, que é a formação do inconsciente, não poderá prescindir jamais do *Publikum-Escola*. Já o *SsS* poderá cair da importante função que ocupava junto ao analisando, mas, mesmo assim, a dispensa desse significante não é eterna, visto que ninguém se separa do seu narcisismo por completo.

Kaufmann, no Dicionário Enciclopédico de Psicanálise, aborda essa questão quando fala da *travessia da fantasia*, p. 127: "Tamanho 'ganho' obtido sobre o inconsciente não põe o analisando, nem o analista, ao abrigo de um retorno do narcisismo, o que levou Freud a propor ao analista 'uma nova fatia de análise de cinco em cinco anos'".

Então, a Escola oferece os seus dispositivos para o sujeito se fazer passar da experiência da Ppsicanálise em intensão para a experiência da Psicanálise em extensão. Mas por que somente a intensão não basta para a formação do analista? Por que a Escola se faz necessária?

Existem muitos casos, como da França, por exemplo, em que profissionais que exercem a Psicanálise se põem a estudar e teorizar suas práticas sozinhos, sem seus pares, sem Escola. Philippe Julien comenta esse fato em *Situação da Psicanálise na França.* Em situações como essas, em que não há a inserção do psicanalista numa Escola de Psicanálise, a dificuldade de a Psicanálise obter avanços é muito maior.

Não foi à toa que Lacan criou o significante Escola. A Escola foi criada a partir da necessidade de um lugar de refúgio ao mal-estar e à solidão que atinge os analistas dispostos a trabalhar em favor da Psicanálise.

O homem, por sua própria estrutura e constituição subjetiva, é um ser com tendência à acomodação, à inibição, ao *não-trabalho.*

A Escola vem para colocar, minimamente, através dos seus dispositivos de trabalho junto à prática, um limite a essa tendência paralisante. Ela se faz importante à medida que seus membros se oferecem a ser um *Publikum,* dialetizando e questionando os trabalhadores decididos da Psicanálise, o que, mais facilmente, pode causar-lhes entusiasmo para seguirem adiante na invenção de novos saberes.

O cartel, dispositivo pilar de uma Escola de Psicanálise, sempre almeja ter seu funcionamento baseado no conceito de *Publikum.* Esse funcionamento oferece subsídios para que o sujeito faça antecipar o que viria ocorrer somente em finais de análise, digo, a transformação do trabalho de transferência em transferência de trabalho.

Não é difícil para um sujeito sem interlocução se paralisar e não seguir em frente em suas elucubrações. É de grande valia ao sujeito ser freqüentemente questionado e dialetizado, para que, deste modo, seu desejo de saber mantenha-se aguçado, acordado, na ordem do dia. Assim foi com Freud: Fliess funcionava como o seu *Publikum*, até que Freud pudesse endereçar os seus escritos ao público anônimo, qualquer, o *Öffentlichkeit*. Para realizar a Psicanálise em extensão é necessário que o analisando deixe os pares restritos e escolhidos do *Publikum–Escola* para se autorizar a sustentar uma publicação e falar ao público qualquer do *Öffentlichkeit*.

Atingir a opinião pública, o outro, Um a Um, é mérito da Psicanálise em extensão, que o faz através da reinvenção da doutrina psicanalítica.

A renovação da doutrina psicanalítica é fruto da simbolização e teorização daquilo que o analista sente, vê e escuta de si mesmo e do outro, que estão inseridos em uma determinada cultura, numa determinada época, que permitem ao analista se posicionar de maneira satisfatória junto ao outro na transferência.

A reinvenção da doutrina tem efeitos na intensão, pois fornece ao analista uma outra escuta que dificulta o seu adormecimento. Assim, a cada extensão há uma reinvenção da intensão.

Presentificar a extensão na opinião pública é presentificar a Psicanálise no público *Öffentlichkeit*. Fazer estar presente a Psicanálise no *Öffentlichkeit* é fazer com que esse público anônimo tenha idéia do que é a Psicanálise, é fazê-lo implicar-se, engajar-se em seus atos, responsabilizando-se pelo seu desejo.

Conclui-se que a psicanálise se faz presente no mundo de dois modos: através da Psicanálise em intensão, quando atinge o sujeito, Um a Um, no divã; e através da Psicanálise em extensão, quando, também, atinge o sujeito, Um a Um, não no divã, mas através de intervenções em instituições, palestras, seminários, congressos, colóquios e publicações.

REFERÊNCIAS BIBLIOGRÁFICAS

FREUD, Sigmund. Três ensaios sobre a teoria da sexualidade. In: ______. **Obras Psicológicas completas**. Rio de Janeiro: Imago, 1980. v. VII.

JORGE, Marco Antonio Coutinho (Org.). O legado de Freud e Lacan. In: KAUFMANN, Pierre (Org.). **Dicionário enciclopédico de psicanálise**. Tradução: Vera Ribeiro e Maria Luiza X. de A. Borges Rio de Janeiro: Jorge Zahar, 1996.

JULIEN, Philippe. Fim de uma análise, finalidade da psicanálise: Colóquio na Sorbonne, 18 a 24 de maio de 1987. In: DIDIER- WEILL, Alain (Org.). **Colóquio na Sorbonne**. Rio de Janeiro: Jorge Zahar, 1993.

LACAN, Jacques. Proposição de 9 de outubro de 1967 sobre o psicanalista da Escola. In: ______. **Outros escritos**. Rio de Janeiro: Jorge Zahar, 2003.

______. Situação da psicanálise e formação do psicanalista em 1956. In: ______. **Escritos**. Rio de Janeiro: Jorge Zahar, 2003.

______. Proposição de 9 de outubro de 1967 sobre o psicanalista da Escola. In: Documentos para uma escola. **Revista da Escola Letra Freudian**a, n. 0. Rio de Janeiro. Circulação interna. p. 29.

SITUAÇÃO da Psicanálise na França. **Dizer**, n.13. p. 37. Rio de Janeiro: Escola Lacaniana de Psicanálise. Editoração eletrônica. Circulação interna.

VILTARD Mayette. Os públicos de Freud. Littoral n.17. Paris: Ères, set. 1985. p. 3-15.

A PSICANÁLISE EM EXTENSÃO E A TRANSMISSÃO DA PSICANÁLISE[1]

*Claudia Pretti Vasconcellos Pellegrini**

RESUMO: Trabalhar o conceito de Psicanálise em extensão, assim como seu lugar na formação do psicanalista e na transmissão em Psicanálise é o objetivo desse trabalho, além de pensar qual a importância de projetos e intervenções feitas pelos analistas de uma Escola de Psicanálise em parceria com outras instituições.

PALAVRAS-CHAVE: Psicanálise em extensão. Transmissão em Psicanálise. Formação do psicanalista. Escola.

INTRODUÇÃO

Iniciamos recentemente um cartel que tinha como objetivo trabalhar o conceito de Psicanálise em extensão. Essa iniciativa se deu a partir de alguns acontecimentos vividos na Escola Lacaniana de Psicanálise de Vitória, que acabara de trabalhar num projeto de intervenção junto a um órgão governamental, responsável por medidas sócio-educativas para crianças e adolescentes praticantes de atos delinquentes. Nessa época,

---

[1] Colóquio sobre as formações do analista. Escola Lacaniana de Psicanálise de Vitória. Novembro, 2007.

* Psicanalista. Membro da Escola Lacaniana de Psicanálise de Vitória

muitas questões surgiram dentro da Escola, desde aquelas provocadas por narcisismos feridos, até algumas bem pertinentes, que questionavam qual o lugar desse trabalho para a Escola e para os analistas que faziam parte dele, perguntas essas que desembocavam justamente numa maior: Será que podemos considerar esse tipo de intervenção como "Psicanálise em extensão"?

Começamos a nos reunir inicialmente muito em torno dos efeitos desse projeto de trabalho, mas eu me via um pouco deslocada dessa questão, sem saber como definir qual era a dificuldade que se apresentava para mim.

Passado algum tempo e muitas discussões em cartel, uma pergunta se impôs de forma clara: O que é a Psicanálise em extensão? Embora pareça uma pergunta óbvia, que já estivesse colocada desde o início, o que me pegou de surpresa foi justamente o fato de me deparar com um questionamento que derrubava algumas certezas que eu havia construído ao longo de meu percurso na Psicanálise.

Tinha como verdade o fato de que a Psicanálise em extensão era aquela que se presentificava fora do *setting* analítico, onde quer que algum efeito do discurso analítico pudesse comparecer. É evidente que essa definição não está incorreta, mas, hoje, me parece que ela porta um *quê* de superficialidade e até um certo *simplismo.*

Foi, então, a partir dessa questão que pude estabelecer um laço efetivo com o cartel. O que tentarei desenvolver aqui são as primeiras considerações que pude construir, a partir dessa nova velha pergunta.

A transmissão em psicanálise

A questão da formação dos analistas e da transmissão em Psicanálise sempre foi cara, tanto a Freud nos primórdios da psicanálise, quanto a Lacan no que ele nomeou como seu "retorno a Freud".

Freud dizia, desde os Estudos Sobre a Histeria, que não bastava a cura, pois alguma transmissão se impunha, e passou um bom tempo tentando pensar nas possibilidades de continuidade da Psicanálise, inclusive nomeando alguns de seus discípulos como "herdeiros". Além disso, não podemos nos esquecer de seu texto sobre a questão da análise leiga. Enfim, em toda sua obra, podemos recolher elementos que nos indicam claramente que a questão da formação dos analistas e da transmissão em Psicanálise estava no horizonte.

Quanto a Lacan, ao propor uma doutrina sobre a prática no lugar das regras sobre a técnica instituídas pela IPA, ele marca seu posicionamento e apresenta instrumentos que possibilitam a transmissão em Psicanálise, entrando num conflito direto com a Internacional, do qual conhecemos as consequências.

A formação do psicanalista repousa na própria experiência analítica. Isso quer dizer que a análise dita didática, a intensão, está na base desse longo percurso a ser trilhado. Precisamos considerar que, nesta proposta, ela deixa de ser uma exigência da formação para ser uma necessidade. É essa experiência pessoal e privada a única porta de entrada possível numa formação. Formação não-toda, que exclui a possibilidade de modelos pré-estabelecidos. Cada um terá que trilhar seu percurso, através dos referenciais teóricos de Freud e Lacan, mas sobretudo dos referenciais clínicos recortados em sua análise pessoal. Na medida em que ele pode descolar-se do Outro e recortar seu traço, destacando-se do lugar de objeto-dejeto, ele poderá tornar-se sujeito de seu próprio percurso, constituindo um saber sobre sua verdade. Assim, ele vai tecendo, sempre em torno da reflexão sobre o lugar do psicanalista e sobre o que é uma psicanálise, o percurso de UM analista, único na singularidade de seu caminho, a ser testemunhado, num *a posteriori*, no dispositivo do passe.

Temos, então, de um lado, a relação analítica propriamente dita, numa relação pessoal e privada, a Psicanálise em intensão. De outro, a Psicanálise em sua presença no público, ou seja, a Psicanálise em extensão. A intensão funda a extensão, sendo sua raiz e sua fonte permanente.

"A transmissão em Psicanálise só pode se dar de um sujeito para outro pela via de uma transferência de trabalho" (1). Isso quer dizer que é na Psicanálise em intensão que a transmissão em Psicanálise é possível, e que é a partir de seus efeitos projetados na extensão que poderemos testemunhar o que foi essa passagem de analisando a analista.

Precisamos pensar, a partir dessas considerações, qual o lugar da Escola na dita formação. Quando Lacan propõe a Escola e seu funcionamento, ele tinha a preocupação de garantir uma formação que não possibilitasse fugir da experiência analítica. Seu funcionamento baseado no *gradus,* e deixando de fora a hierarquia, trazia um rigor que visava quebrar cristalizações e acomodações que são próprias do funcionamento de grupo e que fazem parte da esfera humana. Na "Proposição de 09 de outubro de 1967", ao afirmar que "O analista só se autoriza por si mesmo", ele não estava propondo uma espécie de anarquia na formação, para qual valeria tudo o que desse na cabeça daqueles que se dispunham a serem analistas. O que ele marcava com isso era justamente o fato de que é a psicanálise didática que fundamenta toda e qualquer possibilidade de *tornar-se analista.* Além disso, vemos deixada de lado, inúmeras vezes, a frase que segue a essa, na qual ele continua: "Isso não exclui que a Escola garanta que um analista depende de sua formação". Então, o analista só se autoriza por si mesmo, mas essa afirmação não exclui que ele dependa de uns outros, seus pares, público privilegiado, a quem ele se dirige para prestar contas de sua formação. Nesse sentido, para o psicanalista, é necessário incluir, em sua formação, um questionamento sobre ela mesma. Diferentemente de outros campos de saber, ele precisa manter no horizonte, e sempre aberta, a questão: "O que é um psicanalista?". Na primeira versão de sua proposição, Lacan aponta para o fato de que "a Escola não apenas distribui um ensinamento, mas deve instaurar, entre seus membros, uma comunidade de experiência, cujo cerne é dado pela experiência dos praticantes". Não há possibilidade de líderes, nem de saber pré-estabelecido. Trata-se de uma transmissão fundadora, numa passagem da intensão à extensão.

A PSICANÁLISE EM EXTENSÃO

É na "Proposição de 09 de outubro de 1967" que Lacan faz uma distinção que podemos chamar de tópica: A Psicanálise em intensão e a Psicanálise em extensão. Uma distinção tópica, uma vez que não se trata de duas psicanálises, mas de dois lugares distintos de sua existência. O que é recortado na intensão é projetado na extensão, definida aí como a "presentificação da Psicanálise no mundo", "através de um ensino, de uma

No século XVII aparece o questionamento sobre a função do signo, designando ou não o que significava. A essa questão, diz-nos M. Foucault em *As palavras e as coisas*:

> [...] a idade clássica responderá pela análise da representação; e à qual o pensamento moderno responderá pela análise do sentido e da significação [...]. O primado da escrita está suspenso. Desaparece, então, essa camada uniforme onde se entrecruzavam indefinidamente *o visto* e *o lido*, o visível e o enunciável. As coisas e as palavras vão separar-se. O olho será destinado a ver e somente a ver. O ouvido somente a ouvir. O discurso terá realmente por tarefa dizer o que é, mas não será nada mais que o que ele diz. [36]

Essa cultura que advém da Idade Clássica só se apresenta pela via literária, tendo-se em conta o fato de que a literatura toma, na Idade Moderna, o rumo de uma arte de nomear. Mais tarde, esse modo de operar com a literatura sofrerá uma mudança radical, já que sua essência será alcançada através do que deve ser pensado, não através de uma teoria da significação, mas através do fato de que chamamos *literatura* a arte de passar da significação à forma da representação.

> A partir do século XIX, a literatura repõe à luz a linguagem no seu ser: não, porém, tal como ela aparecia ainda no final do Renascimento. Porque agora não há mais aquela palavra primeira, absolutamente inicial, pela qual se achava fundado e limitado o movimento infinito do discurso; doravante a linguagem vai crescer sem começo, sem termo e sem promessa. É o percurso desse espaço vão e fundamental que traça, dia-a-dia, o texto da literatura.[37]

Sobre a letra e o significante

Comecemos por uma orientação *literal*, isto é, uma orientação de leitura baseada e remetida à articulação lacaniana entre significante e letra.

---

36 Foucault, Michel. *As palavras e as coisas*. São Paulo: Martins Fontes, 2002. p. 59.

37 Idem. p. 60.

Falar em orientação literal implica considerar o próprio registro do simbólico em que o sujeito, enquanto sujeito do inconsciente, faz sua entrada.

Na origem está a letra que, designando a estrutura de linguagem em que o sujeito está mergulhado, dá o suporte material ao discurso que comparece na fala, localizando o sujeito como "presente-ausente", no momento em que se endereça a alguém.

Numa definição simples, diríamos que o significante baliza todas as possibilidades de discursos evidenciando um sujeito descentrado, fora da pregnância da imagem que ele pode ter de si mesmo quando busca um sentido no enunciado do que diz e/ou escreve. Assim, a *leitura do significante* tem por base desprezar o significado e privilegiar o funcionamento do jogo dos significantes no que estes aportam de *diferença*, de ausência de qualidade, de ausência de identidade e de indestrutibilidade. É mesmo de um jogo que se trata quando lemos um texto ou quando escutamos alguém falar. É verdade que a fala se presta melhor à atividade deste brincar, uma vez que ela está exposta às vicissitudes que lhe são próprias, sobretudo as que dizem respeito às formações do inconsciente, como o ato falho e o chiste. Mas a escrita literária, cuja estrutura gira em torno de alguns significantes privilegiados que a constituem e que fundam seu encadeamento discursivo, surpreende pelo modo como a mensagem do texto explicita, por via indireta, *a letra* do autor. Para tal fim, é preciso saber escutar o texto a partir de seus furos de sentido, pois é em torno destes que a letra circula, apontando o lugar *do sujeito*, autor do texto. A letra do autor é sua marca essencial, ela não produz semblante, mas a coisa mesma. Ela dá acesso à verdade do desejo bem como à do gozo.

A letra é o gesto, o circuito em torno do objeto impossível de ser apreendido na rede de significantes, daí seu outro nome ser *pulsão*. Ela indica a estrutura "como uma linguagem"[38] do inconsciente. Por ela o desejo pode ser *lido* e se fazer reconhecer nos sonhos. Ela dá acesso à verdade do desejo, e também permite que se toque a verdade do gozo. Por exemplo, quando se produz um dito espirituoso que faz com que o sujeito vislumbre sua verdade pelo levantamento do recalque secundário. Além da metáfora e da metonímia, a cadeia simbólica, onde se articula a linguagem, obedece à lei de impossibilidade da escrita real, determinada pela letra. É essa impossibilidade de escrita do

---

38 Lacan, Jacques. A Instância da Letra no Inconsciente ou a Razão desde Freud. In: ______. *Escritos*. Rio de Janeiro: Jorge Zahar Ed., 1998. p. 498.

real que se repete a cada vez que um novo significante se inscreve. A verdade do desejo, bem como a do gozo, onde o objeto causa se apresenta como perda, são marcadas pela letra. Nesse sentido, sua função é a de vir representar o objeto ***a***, o real que o significante não pode representar, sendo, por essa razão, o que constitui o "buraco no simbólico".

Para Nancy e Lacoue-Labarthe, em *O título da letra*, a definição de letra inclui a ideia de que se trata de uma matéria sem substância, isto é, ela só existe porque, em psicanálise, dá a literalidade do que chamamos de sujeito. Literalidade é o próprio simbólico, enquanto lugar. É nele que pode surgir e inscrever-se na cultura um sujeito, primeira e antecipadamente, pela via do nome próprio pré-inscrito no discurso dos pais e, depois, na assunção de uma singularidade discursiva.[39]

Desde o início de seu ensino, Lacan menciona a letra e o significante como elementos fundamentais para a psicanálise. A princípio ele não distingue as duas coisas, mas na medida em que sua elaboração avança, percebe a necessidade de separar esses dois conceitos. Vai, então, da definição de letra como "estrutura localizada, ou suporte material que o discurso concreto empresta à linguagem", à ideia de que letra designa a impossibilidade de escrita do real que ela aborda. Isso quer dizer que o que se escreve é o significante.

Jean-Claude Milner, em *A obra clara*,[40] nos diz com muita propriedade que Lacan trata, em vários momentos, tanto nos *Escritos* quanto no *Seminário*, de conceituar diferentemente letra e significante. É verdade que, inicialmente, ambos se misturam. Por exemplo, em *A instância da letra no inconsciente ou a razão desde Freud*[41], *texto que vem em seguida ao Seminário sobre "A carta roubada"*,[42] Lacan apresenta a letra sob a égide do significante, considerando-se o fato de que, aí, ela privilegia sua equivalência com a estrutura fonemática tendo o simbólico como foco principal no que se refere à fala.

Há uma oposição entre fala e escrito. O inconsciente se manifesta na fala por seus equívocos, isto é, os tropeços de sentido que constituem o sonho,

---

39 Nancy, J. L. e Lacoue-Labarthe. *O título da letra*. São Paulo: Escuta, 1991. p. 34.

40 Milner, Jean-Claude. *A obra clara*. Rio de Janeiro: Jorge Zahar Ed., 1996.

41 Lacan, Jacques. *A Instância da Letra no Inconsciente ou a Razão desde Freud*. In:____. *Escritos*. Rio de Janeiro: Zahar, 1998.

42 Lacan, Jacques. O seminário sobre *"A carta roubada"*. In:______. *Escritos*. Rio de Janeiro: Jorge Zahar Ed., 1998.

o ato falho, o sintoma e o chiste. Cada um destes acontecimentos constitui um modo de escrita do inconsciente no real da experiência de cada sujeito.

A linguagem esclarece a estrutura do inconsciente quando, numa primeira conjugação do verbo (voz), é demarcado um signo como tal. Isso significa que o inconsciente subsiste como saber na dimensão de um dizer que se escreve no dito, na primeira apreensão do objeto: a voz enquanto traço de identificação ao semelhante, traço este que inclui a criança numa condição humana de falante e, portanto, simbolicamente inscrita numa série geracional.

Segundo Allouch, "pôr o objeto em função de significante consiste em atribuir-lhe valor de cifra",[43] pois o sintoma é um ciframento, e todo o trabalho analítico implica extrair dele a letra, liberando o objeto causa de desejo.

Ao recorrer a Claude Lévi-Strauss, Lacan separa o significante da letra a partir do conceito de mito e sua função.

Para Lévi-Strauss, o mito é um modo de leitura do real, uma construção com *alíngua*[44] *do encontro do sujeito com o objeto siderante de sua causa.*

Diante do desamparo, o infans se lança no precipício das palavras que lhe são endereçadas para, desesperadamente, encontrar aí o bom porto da significação que lhe dará existência. É nesse primeiro momento inaugural que a perda do objeto é transliterada em criação metafórica, nomeando o sujeito como sintoma para um outro. O modo como o *infans* será acolhido dará as coordenadas de seu sintoma, isto é, seu estilo de ser conforme o significante que o nomeia.

O nome dado a cada ser falante faz sintoma porque é a instituição da falta, na medida em que ele é dado antes que o 'fala-ser' possa proferi-lo. Todo nome carreia, pois, um voto de morte do Outro, já que o sujeito não é causa de si, mas consequência da perda de ser no Outro. O nome é, assim, a letra da carta de amor do Outro, vazio pleno de sentido por onde o desejo pode ser lido e reconhecido. Trata-se do furo do desejo que a demanda de amor cava no real. O nome de cada um forja o furo no simbólico que cada sujeito terá que suportar com sua fantasia.

O nome próprio instaura a incidência do significante primordial S_1, traço unário da inscrição de todo sujeito no campo do simbólico, arrancando-o da na-

---

43 Allouch, Jean. *Letra a letra*. Rio de Janeiro: Companhia de Freud, 1995. p.83

44 *Alíngua* – escrita como uma única palavra – designa o modo singular como cada sujeito apreende o significante que vem do campo do simbólico deixando-se por ele ser marcado.

tureza e dando-lhe existência no campo da fala e da linguagem. O nome é, então, traço distintivo, marca já aberta à leitura que será lida sempre da mesma forma, em todas as línguas. O nome próprio não tem tradução, é sempre o mesmo.

> O nome mesmo de 'fala-ser' só pode subsistir como falta, visto que, no tempo que precede a proferição do nome, falta o 'fala-ser' que o profere. O conjunto de locuções onde o nome do 'fala-ser' deveria advir será, pois, estruturalmente falho [...] este conjunto é não-todo: o 'fala-ser' só saberia especificar-se daquilo que nomeia o não-todo das nominações – alíngua.
>
> É neste registro de resto que soa o próprio *Witz* (chiste) 'fala-ser', indicação suficiente da relação: alíngua é aquilo através do que um ser pode ser dito falante.[45]

Para Lacan, a materialidade do significante designa o fato de este ser localizável sempre como ausência no lugar onde é esperado como substância. Podemos entender, então, que a estreita relação do significante com o corpo implica tomar este último não em sua consistência orgânica, mas em seu valor simbólico de corpo significante.

Lacan deixou claro que o que se escreve sobre uma folha de papel apresenta elementos estruturais equivalentes aos que se podem resgatar da fala. Assim, apoiando-se nas diferenças entre letra e significante, Milner apresenta-nos uma distinção outra, dizendo-nos que a letra é transmissível, deslocável, passível de sofrer permutações e apagamentos. Ela transmite, num discurso, aquilo de que ela é o suporte, razão pela qual aporta a um autor, seu estilo. O estilo é a escrita de um artifício pelo ato da palavra.

Trata-se de escrever uma diferença primordial veiculada pelo significante unário, sem a qual não há nada que garanta o sujeito. O estilo marca o modo como, numa obra, é colocado em evidência o *traço unário*, o qual é marca significante do que não pode se escrever senão como significante de uma falta. O Nome-do-Pai vem no lugar do que não teve entrada no simbólico. Advindo no lugar do Desejo-da-Mãe, o Nome-do-Pai é Lei para todo falante. Então, o traço unário é repetição de falta. Repetição através da qual o sujeito emerge (S_2) pela inscrição de uma letra que apaga, rasura o significante primordial (S_1). O traço unário é suporte de diferença, traço distintivo, diz-nos Lacan em diversas ocasiões de seu *Seminário*.

---

45 Milner, Jean- Claude. *O amor da língua*. Porto Alegre: Artes Médicas, 1987. p. 62.

Este é o cerne da questão crucial da psicanálise: o inconsciente responde pelo fato de um sujeito falar portando um discurso. Não se trata, pois, de uma suposta maturação cognitiva que pressupõe o tempo cronológico como determinante. Com a descoberta do inconsciente e suas formações, a psicanálise vem mostrar que a razão da fala de um sujeito é uma razão lógica e estritamente dependente das contingências que o cercam. Seu estilo em dizer refere-se à particularidade dos significantes privilegiados e ditos no seu entorno. Esta será a marca que irá acompanhar o sujeito em toda a sua trajetória, desde os primórdios de sua existência. Quando falamos, repetimos a letra em instância que em nós calou a voz do supereu materno permitindo o acesso à palavra do Pai.

SUBLIMAÇÃO – A ESTÉTICA DO SUJEITO

A SUBLIMAÇÃO

Não é simples conceituar a sublimação. Tanto que Freud decidiu destruir, por volta de 1916, junto com outros artigos, o texto referente a este assunto. Ainda assim, ele nos deixou várias indicações para manejar este conceito. É o que fazem vários autores que se interessam pelas articulações entre o campo da psicanálise e o campo das artes. A sublimação é um dos avatares da pulsão, inibido quanto ao seu fim. Segundo Freud, as pulsões são sexualizadas e percorrem os orifícios do corpo privilegiando este ou aquele buraco na estrita dependência do que se estrutura no Édipo. Podemos dizer que, ao assujeitar-se à cultura, representada pela célula familiar onde se estabelece sua dependência amorosa, a criança apreende um discurso próprio que a arranca da ação selvagem do puramente pulsional. Este verdadeiro aprendizado civilizatório implica, estruturalmente, uma dependência amorosa envolvendo a criança e o casal parental, acarretando a neurose familiar.

A inibição pulsional advinda da estruturação da neurose pode, também, resultar numa fixação que é a base de todo sintoma. Deixemos de lado esta vicissitude para estudarmos melhor o que ocorre na sublimação.

Sabemos que a inibição é uma manifestação que privilegia todo o corpo ou partes dele e que estaria, de algum modo, relacionada a uma situação sexual na qual, como uma memória, o corpo ficaria inibido. Quer dizer, o corpo seria impedido de realizar sua função habitual, já que haveria o risco de trazer de volta a situação erotizada e bloqueada. A sublimação tem origem num certo impedimento do corpo em relação à função sexual semelhante a que ocorre na inibição, só que sem recalcamento, contornando ou suspendendo o fator sexual. Para o campo da psicanálise, a arte está diretamente ligada à questão da sublimação. Ela é exercício da sexualidade desviada dos fins de reprodução e usa a linguagem para fazer surgir o vazio da criação. Toda vez que uma obra tem êxito significa que, no lugar da hiância, surge um objeto imaginário da fantasia do autor. Entre o que se apresenta e o que fica por se representar, marca-se o que faz gozar da obra, tanto o artista quanto os outros.

Qual o mecanismo que está no centro do processo de sublimação?

Lacan, ao introduzir a noção de significante e objeto causa de desejo, avança nesse terreno. Ele dá ao termo *sublimação* uma função precisa, a partir da distinção entre pulsão e desejo e entre letra e significante. Para ele, o ser falante sempre está às voltas com o real e com o fato de o significante confrontá-lo com isso.

Então, uma outra definição possível para a sublimação é dizer que ela oferece uma representação do estético no lugar onde – ao invés da "relação" sexual esperada no exercício fálico – o fazer do artista transmuta-a em paixão do significante. O artista é alguém que pode dar o testemunho de uma outra forma de gozar além da que goza o corpo como corpo sexuado. É pela via daquele que agencia a falta – o vazio presente na obra e que o artista toma como seu sinthoma – que ele pode cernir o furo do real, tornando a imagem narcísica de seu corpo prescindível e suspensa à escrita da fantasia, sob a forma desse objeto substituto que é o olhar sobre a obra, olhar sem especularidade.

Aquele que faz arte, que produz uma obra merecedora de ser assim chamada, o faz sem deixar aparecer a academia, a técnica ou regra na qual se baseou para produzi-la. Do ponto de vista do observador, o produto final parecerá sem intencionalidade, como se obedecesse à Natureza. No entanto, o que se vê é a perspectiva do olhar do artista, aquele que deu à arte sua regra, talento em produzir o que não obedece a nenhuma regra pré-determinada senão à de sua própria fantasia. O olhar do autor se faz, então, olhar do espectador através do artifício da obra. Nesse saber-fazer com a criação, o artista é alguém de *espírito*, isto é, ele expõe sua ideia estética, sua representação simbólico-imaginária, ao mesmo tempo em que aponta o lugar do fracasso, o furo na tela ou no texto. É isso que impede todo e qualquer espelhamento.

O que da arte é íntimo – mas pode ser partilhado – organiza-se em torno de um buraco que deve ser abordado como tal. Trata-se de valorizar a hiância como *agalma*, destacando-a como causa de um estilo, em qualquer modalidade de apresentação da arte. Como o estilo que se obtém pela invenção de um significante novo, a obra confere um nome de artista, seu estilo de dizer "através" do ato de criação *ex-nihilo*. É o que Lacan nos ensina ao articular o desejo com o belo.

> [...] há certa relação do belo com o desejo.
>
> Essa relação singular é ambígua. Por um lado, parece ser possível que o horizonte do desejo seja eliminado do registro do belo. E, no entanto, por um outro lado, ele não deixa de ser manifesto [...] o belo tem por efeito suspender, rebaixar, desarrumar, diria eu, o desejo. A manifestação do belo intimida, proíbe o desejo.
>
> Não quer dizer que o belo não possa, em tal momento, se conjugar com o desejo, porém muito misteriosamente, é sempre sob essa forma – que não posso designar de outra maneira senão chamando-a por um termo que traz em si a estrutura da passagem de não sei que linha invisível – o ultraje. Parece, todavia, que é da natureza do belo permanecer, como se diz, insensível ao ultraje, e isso, não é um dos elementos menos significativos de sua estrutura.[46]

E aí somos lançados no estético.

O estético / A estética

46 Lacan, Jacques. *O Seminário*, livro 7: A ética da Psicanálise. Rio de Janeiro: Jorge Zahar Ed., 1988. p. 290.

O fenômeno estético, pelo que pode ser identificável ao belo, funciona como uma barreira frente ao campo inominável do desejo. Pela *mostração do belo,* em seu brilho e esplendor, evita-se o mal radical que é o campo de destruição, o campo do desejo.

A *estética* é um termo inicialmente utilizado em relação ao discurso sobre o corpo. Foi descrita por Alexander Baumgarten como um modo de perceber e sentir do homem em contraste com a razão conceitual. Portanto, a primeira referência à estética não se reduz à arte, mas define-a a partir da *aisthesis* grega.

"A estética concerne a essa mais grosseira e palpável dimensão do humano que a filosofia pós-cartesiana, por um curioso lapso de atenção, conseguiu, de alguma forma, ignorar. Ela representa assim os primeiros tremores de um materialismo primitivo – de uma longa e inarticulada rebelião do corpo contra a tirania do teórico".[47]

A questão, ao mesmo tempo, atravessa a história da filosofia.

Para uns, a estética está intimamente ligada à lógica. Outros vão redefinir o conceito de estética tentando vinculá-lo à problemática da razão moral, do julgamento moral, sendo, portanto, um conceito estritamente ligado à definição de cultura.

Em Kant, a estética está referida ao fato de o homem estar num compromisso perene com a Natureza. Na *Crítica da faculdade do juízo* (2005),[48] Kant definiu a bela-arte como o que busca não a simples fruição sensorial, mas o que visa ao prazer da reflexão, convocando o pensamento em sua articulação com o sujeito que lhe dá lugar.

Para Hegel, a estética ocupará um curso inteiro em que ele discorrerá sobre a função da arte como organizadora do pensamento. Kierkegaard, por sua vez, não toma a estética como questão fundamental para o homem, ainda que a considere. Schopenhauer, no entanto, fará do belo uma maneira de desenvolver seu estudo metafísico sobre as ideias. Nietzche toma a estética como um valor superior.

Em Marx, Freud, Heidegger, Adorno e Lacan a estética é o estudo do homem em seu pensamento e sua elaboração de saber, isto é, uma forma de

---

47 Eagleton, Terry. *A ideologia da estética*. Rio de Janeiro: Jorge Zahar Ed., 1993. p.17.

48 Kant, Immanuel. *Crítica da Faculdade do Juízo*. Rio de Janeiro: Editora Forense Universitária, 2005.

elaborar as ideias sobre este valor maior que é a cultura como modo de circunscrever a ação do pulsional em nossos atos, sobretudo no que diz respeito à arte de criar e transmitir através da escrita e da fala.

No pensamento moderno,

> [...] com o nascimento da estética, a esfera da arte começa também a sofrer algo da abstração e formalização características da teoria moderna em geral. No entanto, na estética, ainda se pensa reter uma carga de particularidade irredutível, provendo-nos de uma espécie de paradigma do que um modo não-alienado de cognição poderia se assemelhar. A estética é, assim, sempre uma espécie de projeto contraditório e autodestrutível, pois, ao promover o valor teórico de seu objeto, arrisca-se a esvaziá-lo exatamente da sua especificidade ou inefabilidade, considerados seus aspectos mais preciosos.[49]

Ao escrever ou produzir uma obra de arte, deixa-se de fora algo que não encontra representação, mas organiza a cena representada. O que escapa ao visto é o olhar opaco, sem especularidade,[50] o objeto pulsional olhar. O resultado obtido com a obra tem valor estético tanto para quem a produz quanto para quem a observa.

Em Antônio Sérgio Mendonça, lemos que

> Tanto para Freud que o definia como uma 2ª representação da Morte, quanto para Lacan que o vê, desde o erotismo narcísico, em R.S.I., como próprio do campo do gozo, o Estético não se reduz à Estética. O Estético é uma razão de fato, é a obra, sua gênese e seu efeito, e a Estética é um suposto saber sobre a Arte, isto é, sobre o fazer estético.[51]

O fenômeno estético é fundamentalmente sublimatório, porque na impossibilidade de nomear o desejo – campo de destruição absoluta –, ele manifesta a verdade em seu esplendor pela presentificação do belo. Este é o que mais se aproxima do campo de destruição que está no centro do desejo. O belo não é uma imagem, mas o afeto ligado à fantasia que permite a toda

49 Eagleton, Terry. *A ideologia da estética*. Rio de Janeiro: Jorge Zahar Ed., 1993. p. 8.

50 Quando falamos de olhar sem especularidade, estamos nos referindo ao que está num plano psíquico virtual e, portanto, inconsciente. Antonio Quinet, em seu livro *Um olhar a mais* (Rio de Janeiro: Jorge Zahar Ed., 2002), faz um rigoroso estudo sobre a pulsão escópica e sua relação com a criação artística e sua importância para o campo psicanalítico.

51 Mendonça, Antônio Sérgio. *Vocabulário de Termos Psicanalíticos* (jornal eletrônico). Porto Alegre: s/d. p. 36 e 42.

obra de arte provocar gozo. O gozo é, para Lacan, o real do simbólico, eco da representação do que falta ao sujeito.

As criações artísticas introduzem-nos, por isso, na relação paradoxal da fantasia *como significante*. Elas representam o que escapa às paixões do narcisismo do artista – seu desejo sendo esvaziado de todo o sentido que conduz o gesto para o encontro com o que, do real da fantasia, rege seu sinthoma. E o que é o sinthoma do artista? Podemos dizer que é o que o faz padecer dessa forma de escrita significante que está no cerne do ato de criar: um vazio constitutivo onde vem alojar-se o objeto letra – objeto ***a*** –, furo em torno do qual se organiza toda representação.

O objeto que permite ao artista criar é o mesmo que nos mobiliza numa direção oposta à da satisfação obtida no encontro erótico com um parceiro. A relação do artista com o que ele cria não é uma relação idêntica à busca repetitiva que se estabelece na relação de dependência com o desejo veiculado na barganha das demandas.

O artista é alguém que, da intimidade da sua produção, cerca o objeto e acerca-se dele destacando-o como objeto de gozo e efetuando-o como marca e presença de seu desejo numa experiência pública do belo.

O ESTILO

A questão da estética suscita a do estilo.

Podemos dizer que o estilo é comemoração da escrita de um traço significante já inscrito — mas apagado — que o sujeito lê como perda no momento em que fala e/ou escreve. *A borda do buraco no saber* desenhada pela Letra, nos diz Lacan, faz com que ela seja litoral entre real e simbólico: "Rasura de traço algum que seja anterior, é isso que do litoral faz terra. *Litura* pura é o literal. Produzi-la é reproduzir essa metade ímpar com que o sujeito subsiste. Esta é a façanha da caligrafia". [52]

Entre saber e gozo, o litoral da letra é o destino de castração do sujeito que, em sua relação com o saber inconsciente, traz inscrito sob o couro cabeludo, tal como o mensageiro da antiguidade, sua sentença de morte, ao mes-

52 Lacan, Jacques. Lituraterra. In: ______. *Outros escritos*. Rio de Janeiro: Jorge Zahar Ed., 2003. p. 21.

mo tempo em que é por sua boca que chega a notícia da vida. O mensageiro/sujeito nada sabe sob a inscrição, traço unário escrito no corpo selando seu destino. Esse pequeno fragmento de escrita que o sujeito carregou – objeto **a**, letra – incita-o à escrita num lugar vazio, onde se espera uma obra acabada. Quando isso é alcançado, aparece a marca do corte significante sofrido na carne, mas transliterado no ato da escrita de um Nome-autor-de-obra, — termo referente ao estilo de cada autor que, por sua singularidade, designa-o no texto lido, mesmo sem assinatura formal. Assim, por exemplo, uma Clarice, um Joyce, um Guimarães Rosa, um Machado de Assis, um Freud, um Lacan são reconhecidos por seu estilo de escrita.

Nome-autor-de-obra, portanto, refere-se à escrita autoral, sublinha a singularidade de um sujeito possibilitando uma nomeação pública, distinta da que se deu no privado da família e, muitas vezes, produzindo um efeito de nomeação primordial, como é o caso, por exemplo, em James Joyce.

Na aula de 11 de maio de 1976, do Seminário *Le Sinthome*,[53] Lacan afirma que Joyce, ao escrever sua obra, renodula seu psíquico produzindo, assim, uma escrita com valor de ego. Desse modo, o autor constrói seu próprio enigma para que os interessados o decifrem por mais de trezentos anos: Joyce, o sinthoma (*le symptôme*) ou o santo-homem (*sinthome* ou *saint-homme*).

Em *Finnegans Wake*, sua obra fundamental, Joyce nos mostra o que é seu sinthoma puro: a relação à linguagem reduzida ao sinthoma, letra a letra até a perda do sentido. Por isso Joyce *é* o sinthoma. Ele não o porta, mas *faz* o sinthoma. Por esse escrito, pode ser lido sem ser compreendido. Ele é um verdadeiro artífice da linguagem: decompõe as palavras até reduzi-las ao seu osso. A letra sustenta sua produção, privilegiando o gozo ao invés do sentido. Privilegiar o gozo no lugar do sentido significa experimentar e/ou levar alguém a experimentar para além da capacidade de encontrar a forma certa para expressar uma ideia, fazer comparecer do lado do outro o mesmo estado de reflexão que convoca a posição do sujeito em sua fantasia, levando-o a despojar-se de seus pré-conceitos e deixar-se "olhar" pela obra em questão.

53 [52] Lacan, Jacques. *O Seminário, livro 23: O Sinthoma*. Rio de Janeiro: Jorge Zahar Ed., 2007.

O inconsciente estruturado como uma linguagem, o sinthoma que condiciona a *alíngua* é, em Joyce, algo que se apresenta com valor de linguagem, com a mesma potência. Gozar da língua é o que este escritor sabe fazer como ninguém: *jouir*, *jouissance*, *joyce-sens*, lembra-nos Lacan.

Joyce produz a desconstrução do sentido *colado* à língua inglesa para extrair dessa operação o gozo que lhe convém. Sua obra se sustenta como o que lhe confere um nome — seu *sinthome* [54] — marca indelével da inscrição de seu nome na cultura.

Para a psicanálise, o sintoma não é a única resposta que o inconsciente pode dar enquanto efeito de sentido. Nessa direção orientou-se a teoria lacaniana quando apontou a arte como algo que pode ser investigado pela via do sinthoma. A arte produz o vazio parasitado pelo gozo e ela, especialmente a literária, contribui para a psicanálise no sentido de uma mostração do que ocorre no inconsciente. O psicanalista aprende com o artista que, para liberar o gozo represado no simbólico, é necessário não recusar a verdade como causa. Esta surge quando o saber (simbólico) rateia, pois, em sendo real, a verdade é velada pelo Belo. Quando um artista consegue produzir esse efeito siderante da produção do Belo, seu objeto, acolhido e reconhecido socialmente, alcança o valor de obra e é elevado à dignidade de objeto privilegiado que, em psicanálise, nomeamos como *das Ding*, a coisa perdida. Esta que do real padece de significante e deixa-nos, portanto, sem palavras e siderados. Esta é uma primeira definição para o destino da pulsão enquanto sublimação.

Os escritores, e sobretudo os poetas, são "artesãos" que produzem o objeto ***a***, elemento precioso da teorização lacaniana. Este objeto é implícito ao vazio que se mostra pelo fato de se instrumentalizar a língua, que faz sinthoma.

Uma obra elevada à condição de produção artística evidencia o contorno do vazio ocupado pelo furo que é o objeto ***a***. Toda a criação de uma obra de arte gira em torno deste objeto.

Um significante quando em estado puro, isolado, nada transmite. Necessita estar encadeado a outro (ou outros) para transmitir algo. Quanto mais um significante estiver funcionando como letra, mais ele nos trará o efeito de significância tão fundamental à produção poética.

---

54 *Sinthome* – forma antiga de escrever *sintoma* que data de 1503.

Devido à importância das sequências de raízes que resultam no termo *Lituraterre* proposto por Lacan, vamos nos basear na explicação dada em seu Seminário (1971) intitulado *De um discurso que não seria do semblante*, inédito, aula de 12 de maio.[55] Lacan situa seu termo a partir do *Dictionaire étymologique de la langue latine: historie des mots*, de Alfred Ernout e Antoine Meillet.[56]

Ele nos pede para procurar em *lino*, *litura*, e depois em *liturarius*. Diz-nos que este termo nada tem a ver com *littera* (a letra). A raiz latina *lino* vai originar *litura*, com o sentido de cobertura, bem como rasura. Daí vai surgir *liturarius* que quer dizer um escrito com rasuras. A partir deste último termo Lacan cunhará *lituraterre*. Este termo advém do desenvolvimento teórico que Lacan fez sobre James Joyce, quando este foi de *letter* (letra) a *litter* (porcaria) para mostrar que a linguagem, e o que esta produz do semblante, não encerra todo o valor do escrito. Há um litoral que separa estes dois territórios, e é nela que mora a letra. Ela é real e se apresenta no escrito. A linguagem que está na rede de significante é abordada simbolicamente. A letra é um instrumento que permite a escrita de um discurso. No entanto, por sua matéria real, ela resiste à sua mensagem.

Na tradução para o português, o termo *lituraterre* perde as digressões de origem. Na explicação escrita do termo *lituraterre*, Lacan ressaltou o jogo da palavra que permite fazer chiste, chamando-nos a atenção para o fato do que aí se trata: "a aliteração nos lábios, a inversão no ouvido".[57]

---

55 Lacan, Jacques. *De um discurso que não seria do semblante*, inédito, aula de 12 de maio de 1971.

56 Idem.

57 Lacan, Jacques. Lituraterra. In:______. *Escritos*. Rio de Janeiro: Jorge Zahar Ed., 2003. p. 15.

impossível, referido à perda de si como objeto para o Outro. A perda, atualizada na fuga da filha, já estava marcada nele. Na entrada da estrutura o sujeito sacrifica uma parte de seu próprio corpo para sustentar o Outro nele, através do gozo.

No texto traduzido para o português, Shylock pranteia sua perda: "A minha filha! Os meus ducados! Filha! Fugida com um cristão! Justiça! Lei! Meus ducados cristãos! Ai, minha filha! (...) E joias, duas joias preciosíssimas que ela levou! (...) Ela levou as pedras e os ducados!".

Lendo o texto em inglês pude recortar os significantes que comparecem na língua do autor. Só então se revela a questão que nos interessa: *My daughter! - O my ducates! O my daughter! Fled with a Christian! – O my Christian ducats! – Justice! The law! My ducats and my daughter! (...) And jewels, - two stones, two rich and precious stones, stolen by my daughter!.*

Ora, a palavra *jewels* (jóias) é homofônica a *jews* (judeus), e *stones* são as pedras preciosas que sustentavam a sua existência. Não são apenas pelas jóias que ele pranteia; ele chora a perda do precioso judeu nele – significante mestre que o representava como sujeito, dando-lhe consistência como ser para o Outro. É a si mesmo, *jew*, que perde com a perda da filha, *jewels*. Perde-se como pai e como judeu. Expatriado da casa paterna, com a perda do significante que o representava para sua tribo, fica sem ancoragem simbólica revelando a inconsistência do Outro: Shylock se vê em total desamparo!

O que pude pensar, a partir da escrita do último trabalho, é que a perda de que se trata ao final da análise, consistida na libra de carne, pode ser localizada em qualquer parte do corpo, como os lábios, o olhar, o coração, não importa. Esta parte isolada tomará valor de objeto *a*, como mais de gozar, lugar de recuperação do gozo perdido. Mas o objeto *a* está em equivalência tópica ao significante mestre do sujeito, significante que o representa como sujeito para o Outro, com o sentido alienante que porta. O golpe atinge, ao mesmo tempo, o significante e o objeto *a*. Esta é a operação que deverá ser atualizada ao final da análise, com o corte produzido no gozo que os sustentavam. Momento de horror absoluto quando, ao perder-se como objeto, com a queda do significante que o representava, perde o sentido que o sustentava como ser para o Outro. Acredito ser este o ponto de ultrapassamento necessário para que um novo sujeito advenha e dê à perda o estatuto de causa de desejo.

O ponto estrutural que a peça revela está na queda de sentido que a perda do objeto promove. Este ponto será retomado adiante.

Na leitura que fiz da peça, não sem surpresa, evidencia-se a equivalência entre o S_1 e o objeto *a*. Esta homotopia já nos tinha sido demonstrada por Lacan com a escrita da figura topológica do oito interior. Mas o que significa isso?

Como a proposta inicial do trabalho é avançar para além da construção da fantasia, precisamos estabelecer sua importância no percurso de uma análise. No trabalho de construção da ficção do que terá sido a sua história, o sujeito adquire um novo saber sobre a história das suas demandas, que lhe permitirá localizar a posição de objeto que ocupou para o Outro. Ao adquirir um saber sobre o vai e vem pulsional, atadura de gozo que sua alienação promoveu, esvazia-o com a queda de significantes identificatórios, o que possibilita a mudança na posição subjetiva. Mas a construção não é suficiente. Algo resta para além.

O significante **corte** a que me referi no início do trabalho como efeito de uma perda, que é a do coração do ser (Lacan, 1998, p. 621)), refere-se à travessia, portanto ao ato analítico no final da experiência.

Mas quando o corte terá estatuto de ato fundador de um novo sujeito? O que tudo isso tem a ver com a escrita do oito interior?

No texto de Freud de 1920, *Além do Princípio do Prazer*, um dos significados da palavra **além**, em alemão, *jenseits*, é para lá de, no outro lado, na outra margem. Lacan deveria saber disso quando escolheu o significante *passe* para seu dispositivo de verificação do final de análise, essencial para a formação do psicanalista. Afinal, no passe, verifica-se a relação do sujeito com a morte que o funda. A sua marca que só pôde ser vivida como gozo deverá, através de sua simbolização, ser comemorada como desejo.

Desde o *Projeto*, Freud nos indica que o princípio do prazer é constituído ao preço de uma exclusão originária. Há no horizonte um resto inassimilável, constante e excluído do traço de memória: *Das ding*, a

Coisa, em secreta intimidade com a repetição de uma satisfação que já teria sido experimentada. Desde o início, a repetição é marca de perda e recuperação. Em 1920, Freud já havia se deparado com os limites de tal princípio. Constata, com evidência na sua clínica, um prazer na dor ou no sofrimento. Toma a compulsão à repetição como paradigma e vê-se forçado a abrir um novo campo econômico para as pulsões – na outra margem -, além do princípio do prazer.

No resto inassimilável do princípio do prazer, nesta região de expulsão, Lacan recorta a função de um objeto real e o nomeia *a*: marca de perda irredutível ao significante. Portanto, a causa e o franqueamento do princípio do prazer, para o além do princípio do prazer, estão do outro lado, perto da morte: é o desejo.

Sigamos Freud com Lacan, quando localiza o trauma, encontro real do *infans* com a linguagem, como a possibilidade de advento do sujeito como falante. O efeito do encontro com a palavra produz um furo no aparelho que deverá fazer todo um trabalho de ligação, fixação, *fixão* do corte produzido. O sujeito só poderá constituir-se a partir de uma escolha forçada de um significante do Outro, que o aliena de saída. O significante produz uma marca na estrutura que se escreve como traço, ao preço de uma perda estruturante.

O significante 1, arrancado do campo do Outro, fixa o ser do sujeito mas não lhe dá sentido ou significação fálica. Esta virá através do significante 2, produzindo a afânise do sujeito, que, então, se fará representar entre os dois significantes. Esta falta que o significante 1 instaura é recuperada com a falta do sujeito para o Outro que, a partir de então, será tomada como perda, e o ser do sujeito retorna como objeto *a*. Frente ao enigma produzido pela falta de um significante que o represente, o sujeito encontra um lugar no Outro, ao identificar-se com o objeto causa do seu desejo. A falta recai do lado do sujeito e do lado do Outro, e a resposta ao traumático deste encontro será a constituição da fantasia, uma promessa de recuperação do perdido.

Por isso a escrita do oito interior não se fecha numa única volta, mas em duas: na primeira volta, fixa o lugar do significante como traço distintivo, afanisando o sujeito no sentido do Outro; e, na segunda volta, escreve o objeto *a*, como signo de ausência.

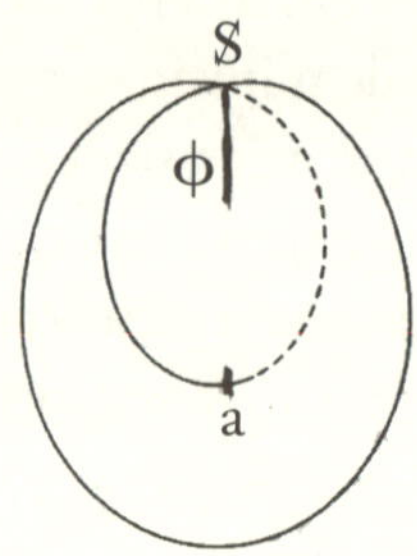

S1 e *a*, respostas ao trauma, são a escrita da repetição originária que dá significância ao ser vivente. Na neurose, a repetição será organizada pela cena fantasmática que sustenta o Outro através do Gozo.

Quando, então, o corte tomará valor de ato inaugural? Na aula 10 do Seminário *A Lógica da Fantasia*, Lacan afirma que o ato está fundado na dupla volta da repetição. Portanto é por onde o sujeito deu entrada na estrutura que deverá sair no final da análise.

O ato analítico funda um novo sujeito, não mais aprisionado ao gozo da repetição fantasmática que só pode experimentar como fracasso. O neurótico repete para que possa se reencontrar, ou seja, jamais encontrar-se, no que perdeu. O fracasso da repetição marca o impossível da estrutura, que não cessa por não se escrever.

O Mercador de Veneza revela a equivalência entre o S_1 e *a*, a falta sustentada na perda, através de um sentido. Esta escrita funda o recalque originário, com o inconsciente já marcado por um furo referente ao -1 na cadeia, e com a constituição de um campo de gozo a partir do objeto *a*. Por afinidade topológica, o objeto *a* pode ser tomado como causa de desejo ou como mais de gozar, próprio para as tentativas neuróticas de elidir a falta estrutural. O sujeito afanisado no i (a), *moi*, constitui-se como o primeiro dos objetos mais de gozar, modelo para qualquer outro objeto de recuperação, que tem, portanto, o "eu" como referente. É sempre o "eu" (i (a)), objeto, para o Outro que tenta se recuperar.

Serão necessárias muitas voltas na repetição para que o neurótico possa esvaziar o gozo nela contido e suportar a falta no Outro, deixando-se cair como ser do objeto, dando origem a um novo sujeito que fará operar a perda como causa de desejo, sem cair na impotência melancólica de

Shylock. Isto significa que, no final da análise, o sujeito deverá deixar cair o significante afanísico que é correlativo à produção do sentido induzido pelo significante 2 sobre o significante 1.

Durante o percurso é necessário atravessar uma a uma as marcas de falta e perda que constituem a repetição originária, que pela identificação aos significantes do Outro tentamos apagar em cada uma das respostas que produzimos frente ao enigma do desejo.

As consequências dos avanços e dos impasses freudianos são extraídas por Lacan quando elabora a lógica do ato analítico, único a realizar o trajeto completo da experiência: conduzir o sujeito comodamente ancorado no seu fantasma a esse ponto nodal do recalque originário, ponto de inconsistência do Outro. Só este enfrentamento poderá dar origem a um desejo inédito, o desejo do analista, que surgirá a partir do reviramento produzido no sujeito, quando não se fará representar mais entre dois significantes, mas na causa (objeto *a*) que sustenta o traço real (S1) que o distingue.

Não é uma travessia sem riscos. O ato não é técnico, é ético, pois em seu horizonte está o gozo frente ao qual não se deve retroceder, nem avançar, sem responsabilidade. Fazer de uma morte causa de desejo não é tarefa para muitos, não se cansa de nos avisar Lacan no Seminário 21, ainda inédito, *Os não-tolos erram.*

Chegar ao final supõe que o sujeito tenha passado pelos tempos lógicos que se ordenam, desde o início do tratamento, quando o sujeito é forçado a constituir-se no dispositivo da palavra. O que resta então é a escrita do corte. A perda da libra de carne é a possibilidade da escrita, lá, no ponto exato em que o ser (*l'être*) é substituído pela letra (*lettre*). Escrita do irrecuperável em que o gozo imperava. Escreve-se a letra *a*, como marca do impossível, e o S_1 adquire valor de traço real, de pura diferença, simultaneamente.

Para finalizar tema tão árduo, fui buscar um outro escritor, este português, Miguel Torga, para que, à sua maneira, traduza **o possível** de tão dura travessia, como só um poeta sabe tão bem fazer:

De seguro,
Posso apenas dizer que havia um muro.
E que foi apenas contra ele que me arremeti

A vida inteira.
Não, nunca o contornei.
Nunca tentei ultrapassá-lo de qualquer maneira.
A honra era lutar.
Sem esperança de vencer.
E lutei ferozmente noite e dia,
Apesar de saber
Que quanto mais lutava mais perdia
E mais fundo sentia
A dor de me perder.

O nome desta poesia é *Depoimento.*

REFERÊNCIAS BIBLIOGRÁFICAS:

FREUD, Sigmund. Projeto para uma Psicologia Científica. In: _______ **Obras Psicológicas completas**. Rio de Janeiro:Imago, 1980. v. I.

LACAN, Jacques. A direção da cura e os princípios do seu poder. In: _______. **Escritos**, Rio de Janeiro: Jorge Zahar, 1998, p. 621.

_______. **Seminário**: Livro 14: a lógica da fantasia. Aula 10. Inédito.

SHAKESPEARE, William. **O Mercador de Veneza**. Rio de Janeiro: Nova Aguilar, 1999.

_________. **The Complete Works of William Shakespeare**, USA: Avenel Books, 1975.

TORGA, M. **Diário XIII**, Lisboa: Coimbra, 1983.

VISCO, M. A perda, o comércio e a causa n'a libra de carne. Publicação eletrônica em www.companhiadefreud.com.br.

Um esquecimento inesquecível[1]

*Renata Conde Vescovi**

Resumo: Este artigo pretende refletir a respeito do final de análise e o tornar-se psicanalista.Visa destacar, a partir do dispositivo de passe proposto por Lacan, o que se colhe numa experiência de passe.Pretende também discutir como um psicanalista que nasce desta experiência real , ao separar-se da verdade que sustentou sua realidade fantasmática pode inscrever suas marcas no público autorizando-se a analista

Palavras-chave: Verdade fantasmática. Horror de saber. Invenção. Origem. Dispositivo de passe. Psicanálise em intensão. Psicanálise em extensão.

> *"Por várias gerações tem havido vozes em ambos os lados de nossa família, mas ninguém jamais fez verdadeiramente, uma carreira a partir delas.[2]"*
>
> (James Joyce)

---

1 Colóquio sobre as formações do analista. Escola Lacaniana de Psicanálise de Vitória. Novembro 2007.

* Psicanalista, membro da Escola Lacaniana de Psicanálise de Vitória.

2 Fragmento de Carta à Alfred Bergan. In: "Os Efeitos da Letra. Lacan leitor de Joyce, p.211. Contra Capa Editora.

Vou me valer deste fragmento para refletir a respeito do que seria um *esquecimento inesquecível. Uma experiência* que toca um saber inédito, sem origem e inaugura um psicanalista. Algo que se revela , no clarão que se produz quando se isola a verdade sobre a posição de objeto que se foi para o Outro e, de certo modo, sombreava um saber estranho; não sabido que pede passagem. Vozes inaudíveis que se experimenta não sem horror, que um psicanalista poderá se valer para inventar e assinar, com a caligrafia de seu inconsciente, seu nome no público.

É a partir de um horror, sobretudo em sua ultrapassagem, que o psicanalista dá testemunhos do ponto de seu desenlace dos ideais amorosos do Outro, sustentando-se na variedade[3] do saber, e insistindo em dizer como ele inventou, a partir deste encontro com o real da castração, sua posição singular de transmitir a Psicanálise.

A castração não responde por nenhuma verdade; é antes de tudo uma origem onde o não saber é a verdade do sujeito. Não é mero jogo de palavras; trata-se de uma inconsistência lógica na origem do sujeito. Onde se busca **a verdade de um saber,** encontra-se um **não saber como verdade**. Um psicanalista é este que se debruçou neste abismo real para se haver com este impasse lógico que pede passagem e se impõe em um dizer.

Nietzsche, em Genealogia da Moral, insiste em diferenciar ***origem** de **invenção,*** mostrando que é totalmente falso admitir que a religião, como sustentava a filosofia clássica, tem origem em um sentimento metafísico, como se algo já estivesse dado antecipadamente, suportando além da origem da religião, a do conhecimento e toda a história da civilização. Isto pressupõe a existência de um Outro consistente, que vem amparar o homem diante de seus impasses.

Nietzsche vê na poesia a expressão máxima da invenção. Um acontecimento poético se faz em torno de um corte, onde a falta de um saber faz empuxo a escrita..

---

3 Lacan propõe um jogo homofônico entre as palavras verdade e variedade. Na língua francesa verité e varieté. O final de análise é poder tomar a verdade do fantasma como uma variedade, fazendo disto um bom uso.

Pensar em uma origem consistente é supor continuidade; é abolir a castração. Inventar pressupõe ruptura com os ideais do Outro. Antes de tudo, é o reconhecimento de que na origem da vida está a castração.

> .."*um dia (uma invenção sem origem) alguém teve a idéia de utilizar certas propriedades rítmicas ou musicais da linguagem para falar, para impor suas palavras, que não se sabe de onde vem*, a outros...*"
>
> "*A invenção- (Erfindung) e não Ursprung (origem) é por um lado uma ruptura, por outro, algo que possui um pequeno começo, mesquinho, inconfessável*"..[4]

Vou destacar destes fragmentos de Nietzsche as palavras, mesquinho, inconfessável para mais adiante pensar a respeito do que se colhe no dispositivo do passe.

Ele nos mostra que não há continuidade entre o conhecimento e as coisas dadas a conhecer. Assim como Freud, ele retira o homem da inocência de que haveria uma harmonia entre o conhecimento e o objeto da natureza a ser experimentado, garantida em última instância pela existência de Deus. Ao inserir a agressividade, o não saber e o caos no centro de toda produção do conhecimento humano, uma separação entre natureza e cultura se impõe ao homem. Este corte inaugura aquilo que Freud nomeou de campo da pulsão.

Intelligere , não leva em conta nenhum apaziguamento com o objeto a ser estudado."Inteligência não é nada mais que um jogo de ligações, sustentado por três paixões: detestar, deplorar, e rir."[5]

Segundo Nietzsche, há uma maldade radical no processo de construção de toda forma de conhecimento. O homem precisa se aproximar e se

---

* "que não se sabe de onde vem" – Equivalente as palavras impostas e ao horror de saber. Um saber no real que não tem origem consistente equivalente ao que Nietzsche nomeia de invenção. Vale lembrar que Lacan diz que o saber se inventa. NIETZSCHE, Friedrich. Genealogia da Moral. São Paulo, Companhia das Letras p. 23.

4 NIETZSCHE, Friedrich. Genealogia da Moral. São Paulo, Companhia das Letras p. 25

5 NIETZSCHE, Friedrich. Gaia Ciência. São Paulo, Companhia das Letras, p. 124

afastar pelo ódio, pela deploração do objeto a ser experimentado e rir do objeto, para que daí possa brotar o conhecimento.

Uma trajetória de análise pressupõe a separação dos objetos idealizados, o que não se faz sem a passagem pelo ódio e pelo desnudamento do brilho que recobria o objeto que fomos para o Outro. Quando se pode contar sobre este saber inventado a outros, é possível passar um não sabido, que antes era da ordem do horror, como um riso, sinalizando assim uma queda do objeto que suportou a realidade fantasmática.

Embora a humanidade só avance a partir de seus fracassos, pontos de pulsão de morte, sua tendência é excluir este ponto de horror. De fato, a pulsão de morte é destrutiva, mas também é motor da criação se tem como vetor o traço que se destaca desta experiência singular com o real que inaugura o sujeito.

O psicanalista é este que se debruçou aí, neste ponto sem origem, na trajetória de sua análise e fez, deste ponto de horror, a causa de desejo. Por isto ele suporta ser ***"o rebotalho da humanidade."***[6]

A Experiência de Passe numa Escola:

Em meu percurso na Secretaria do Passe, ainda em curso, venho insistindo em destacar o que interessa efetivamente ao passe. O que visa uma Escola de analistas quando se propõe sustentar algo que é fruto da experiência singular de um analista com o real que o inaugura. Como inscrever esta experiência elaborada em saber dentro da comunidade analítica?

Ao que parece, o passe visa colher, no sigilo de uma experiência, o testemunho do ponto único de passagem de psicanalisando a psicanalista. No passe, uma Escola colhe o testemunho de um psicanalista que passou pela violência de um real que o inaugura.

Uma Escola de fato se renova quando um psicanalista vem ofertar, a despeito de sua generosidade, o que se passou neste ponto de torsão, onde

---

[6] LACAN, Jacques. Nota Italiana. Outros Escritos. Rio de Janeiro: Jorge Zahar, p. 333

o saber construído durante muitos anos em sua análise pessoal a respeito de sua posição de objeto e se formaliza na questão: **"Qual objeto a eu sou para o Outro?"**[7] revira-se em não saber, ocupando assim o ponto central por onde escoa uma outra questão que interessa tanto para o psicanalista dizer e formalizar quanto para uma Escola saber: **"O que afinal estava na origem deste autorizar-se que inaugura um psicanalista?"**[8] O que é este si mesmo que se revela ao final de uma análise?

Lacan nomeou o passe um lugar genuíno de transmissão da Psicanálise em intensão à extensão. Isto não quer dizer que o analista que ainda não terminou sua análise não possa dar testemunhos de passagem, transmitindo e teorizando pontos de sua análise pessoal na extensão. Ele queria privilegiar, através do dispositivo, a transmissão deste ponto onde o horror é a causa e como este novo analista se virou sem recuar diante deste real inaugural. Usando as palavras de Nietzsche, o que ele pode inventar como um saber genuíno, a partir destes pontos inconfessáveis e mesquinhos. São migalhas de saber oferecidas ao dispositivo e a Escola sem o temor do supereu e sem a dor que apareciam na análise em intensão.

Lacan colocou a Psicanálise em intensão, através do passe, na base da extensão.É importante aqui, trabalhar as categorias intensionais e extensionais colhidas por Lacan da lógica simbólica proposta por Frege.

Em seu tratado "O sentido e a referência", Frege diz que os nomes próprios e as descrições possuem uma referência (bedeutung) e um sentido (sinn) O referente de um termo seria o objeto em si e o sentido, o modo pelo qual um objeto é referido.

O referente garante assim o caráter de verdade universal e de existência da coisa, sustentado pelos predicados e pelos conteúdos conceituais (sentido).

Em muitos de seus seminários, Lacan menciona o exemplo da estrela Vênus (uma proposição extensional de caráter universal), sustentada por duas proposições intensionais ("estrela da manhã e "estrela vesperti-

---

7 LACAN, Jacques. A lógica da Fantasia. Seminário14. Aula de maio de 1963.Tradução livre

8 LACAN, Jacques. O Saber do psicanalista. Conferências. Tradução livre

na").Dois predicados distintos que sustentam a proposição extensional "estrela Vênus".

No entanto, Frege reconheceu a inconsistência lógica da linguagem, onde cada ser falante pode produzir, em um ponto de falta, enunciados predicativos com valor de verdade.

A realidade da fantasia, por onde o ser humano aborda o mundo, é um exemplo de enunciado predicativo que sustenta, a partir de um vazio, a particularidade sintomática do ser na universalidade da lei que organiza o mundo.

Por que Lacan se orientou na lógica proposicional de Frege nomeando assim Psicanálise em intensão(experiência privada onde o analisando se separa de seus predicados) e Psicanálise em extensão (experiência que nomeia no público um psicanalista)? Existe para o psicanalista um referente universal (bedeutung) que sustenta sua existência no mundo?

A Psicanálise em extensão não encontra na Psicanálise em intensão nenhum predicado que sustente no universal o que é um psicanalista. Um psicanalista nasce deste não sabido do real experimentado em sua análise pessoal (intensão) que se projeta no público, através de seu modo singular em transmitir a Psicanálise, a partir do não sabido que o inaugurou.

Ao final de uma análise, onde era suposto encontrar uma verdade consistente que pudesse nomear um psicanalista, o que se encontra é um não-sabido que se projeta na extensão.

Um dispositivo de passe vem como um recurso, para fazer passar o não-sabido da intensão ao não sabido da extensão, podendo transmitir como um psicanalista deixa passar, a despeito de sua boa fé, o real que o inaugurou.

O novo psicanalista se empenha em uma tarefa com o saber e se vale de qualquer significante do Campo do Saber para transmitir como foi para ele tocar este ponto inesquecível que no entanto se esquece. Ao que parece, o inesquecível sempre resta por trás daquilo que se esquece. O esquecimento não se dá por temor a castração; ele é fruto da solidão e do clarão que se experimenta neste ponto onde não se sabe a causa do desejo do Outro sobre um sujeito. Há apenas um assentimento ao desejo enquanto falta que marcou o fim de uma análise e o nascimento do desejo do analista. Onde o " Outro nem me reconhece, nem me desconhece: ele apenas me determina com o enigma de seu desejo"[9]

O Passe numa Escola: Uma Experiência arriscada.

"O passe é um ponto de tensão entre o autorizar-se e a autoridade da Instituição como garante de um analista."[10]

Se a experiência do passe toca naquilo que do inconsciente funciona no registro "da violência e da morte", isto pode ter efeitos de transmissão interessantes do ponto de vista da singularidade de cada analista que testemunha este ponto de passagem, mas pode ter efeitos destrutivos. A Escola se vê num fio de navalha pois é inegável o quanto esta experiência pode trazer efeitos no grupo de analistas de amor e ódio, de partidarismos narcísicos e censura moral.

É premissa estrutural o sigilo de um pedido de passe numa Escola. Esta é uma tentativa de isolar as imaginarizações decorrentes, quando o nome próprio do passante se revela. É preciso deixar de lado os predicados que sustentam o nome próprio para deixar passar no público um saber que é furo.

Sustentar o desejo do analista é de fato uma experiência arriscada. Não se faz mais pacto com o amor do Outro mesmo porque, o inconsciente não permite. O psicanalista é aquele que sabe, que *não há* um Outro que lhe ofereça garantias a respeito do que é a Psicanálise. Seu autorizar-se se renova a cada vez que ele formula, de maneira singular a pergunta: **O que é a psicanálise**? Ele faz passar seu nome de analista através daquilo que há de mais comum onde qualquer significante do campo do saber pode transmitir sua marca.Ele faz escola, não importa onde for. In-

---

9 LACAN, Jacques. A Angústia. Livro 10. aula de junho de 1963

10 JULIEN, Philipe. Entrevista sobre o passe. Concedida à Escola Lacaniana do Rio de Janeiro em 1997

teressa antes, em nome de que ele fala. Fala ainda a partir de sua realidade fantasmática? Fala a partir de um não saber que o inaugurou?

Vale lembrar que Lacan em um de seus últimos Seminários nomeou de Escola um ponto que se inscreve no espaço e marca diferença através do trabalho de cartéis e de um psicanalista que sustenta, com seu dizer, a transmissão da Psicanálise. Um dizer que não é consistência; é antes um contorno a este ponto real e incomensurável que é Escola.

REFERÊNCIAS BIBLIOGRÁFICAS:

JULIEN, Philippe. **Entrevista sobre o passe**. Concedida à Escola Lacaniana do Rio de Janeiro, em 1997.

LACAN, Jacques. Nota Italiana. In: ______. **Outros Escritos**. Rio de Janeiro: Jorge Zahar, 2003. p. 333.

______. **O seminário**: livro 10: a angústia. Aula, jun. 1963.

______. **O seminário**: livro 14: a lógica da fantasia. Aula de maio de 1963. Inédito.

______. **O Saber do psicanalista**. Conferências. Texto inédito.

NIETZSCHE, Friedrich, **Genealogia da Moral**. São Paulo: Companhia das Letras p. 23 e 25.

______. Gaia Ciência. São Paulo: Companhia das Letras, p. 124.

A EXPERIÊNCIA DO *PASSE* E A FORMAÇÃO DO ANALISTA[1]

*Darlene Vianna Gáudio Angelo**

> Um poeta escreveu sobre uma pedra três palavras sobre a perda, mas arrancou uma. Não se pode ler a perda, pode-se somente senti-la.
>
> *(Memórias de uma gueixa)*

RESUMO: A formação do analista não é sem um dispositivo que possa verificá-la. Tal dispositivo, entretanto, não poderá ser aquele da tradição acadêmica, uma vez que esta formação terá que incluir a experiência de um analista com o inconsciente, ou seja, o que está aí em jogo é o próprio analista como formação do inconsciente. É levando isso às últimas conseqüências que Lacan propõe o dispositivo do passe numa Escola de psicanálise.

PALAVRAS-CHAVE: Experiência. Inconsciente. Formação. Analista. Passe.

Desde o surgimento da psicanálise, o problema da formação dos futuros analistas impôs-se a Freud como uma verdadeira questão. Ele próprio, inventor desse campo, o psicanalítico, não aparece, como psicanalista, a partir de lugar delimitado academicamente. Ainda que, médico e cientista que foi, tenha se servido, e muito, de sua experiência original, berço da nova experiência à qual se dedicou. Sabemos ter sido a clínica médica a que ofereceu a Freud o encontro fecundo com as histéricas, com

---

[1] Colóquio sobre as formações do analista. Escola Lacaniana de Psicanálise de Vitória. Novembro 2007.

* Psicanalista. Membro da Escola Lacaniana de Psicanálise de Vitória.

seus sintomas e com a verdade neles ao mesmo tempo velada e revelada. Foram, pois, os sintomas histéricos que indicaram a Freud a insuficiência do saber médico no sentido de um deciframento que, ao buscá-lo em suas estruturas através das categorias científicas, não encontrou outra possibilidade senão a de nomeá-los, degradando-os, com as categorias da moral, considerando-os "fingimento" ou "falta de caráter". Não! Diz Freud, há aí um saber que aguarda um acolhimento pela palavra. Foi então a partir desta mudança radical de direção, que aliou a escuta das histéricas com um questionamento a respeito de si mesmo, sobre o sentido de seus próprios sintomas, sonhos chistes e atos falhos, que surge o primeiro psicanalista: Freud.

Não foi, portanto, diretamente dos bancos da Academia que adveio o ato inaugural que engendra, ao mesmo tempo, *um* psicanalista e a Psicanálise, mas de *uma experiência* em que o próprio sujeito, o sujeito do inconsciente, está visceralmente implicado. O *genial* em Freud foi ter podido escutar que algo pedia/pede para *passar* nos sintomas, tanto quanto nas outras formações do inconsciente. Talvez resida aí a razão pela qual não confiou à Universidade o ensino e a transmissão da psicanálise: as formações do inconsciente não têm lá um lugar, salvo por se tentar elucidar sua *fisiologia.* Trata-se então, não somente de uma incapacidade, mas, antes, de uma *impossibilidade* do modo de transmissão universitário de fazer vigorar algo da novidade introduzida pela psicanálise: que um psicanalista, ele próprio está implicado em sua formação. Ele próprio é um doente, tomado pelo *phatos* que funda a experiência humana. Ele próprio é orientado por uma cena que ignora: a do inconsciente. Ele próprio sofre com seus sintomas e é atormentado pelo gozo neles abrigado, tanto quanto sofrem aqueles que o procuram com suas demandas de "cura".

Freud, portanto, funda uma instituição fora dos domínios da Academia – sem, contudo, desprezá-la – cujo objetivo era o de assegurar um modo próprio de transmissão da psicanálise. E vários foram os desdobramentos sofridos pelo chamado "movimento psicanalítico" desde a fundação da IPA, como podemos acompanhar pelos registros de sua história, até chegarmos à proposta inventada e nomeada por Lacan de *Passe*, surgida no seio da *Escola Freudiana de Paris* por ele fundada após sua expulsão da IPA. Tal experiência, com seus aspectos formais, sua organização e vicissitudes, surgiu como um dos pilares do grupo fundado por Lacan visando essencialmente preservar a virulência e a novidade introduzida por Freud que se expressas no aforismo lacaniano *O analista só se autoriza de si mesmo*[2]. O que quer dizer que o analista surge como produto de sua análise, ou seja, a partir da experiência com o inconsciente, e nem por isso pode prescindir do intenso trabalho com seus pares no âmbito de uma Escola de Psicanálise, que terá que se sustentar numa *transferência de trabalho* e ter como visada manter a virulência do discurso analítico, seu alcance e vigor. Tudo isto, entretanto, nada tem a ver com a fabricação de profissionais eficientes com vistas a preencher vagas no Mercado, movimento tão em voga em nossos tempos. Diversamente, Lacan contava com o fato de que um analista pudesse testemunhar, diante de alguns outros, que não são quaisquer, uma *passagem*: a de analisando a analista, ou, se quisermos, a do desejo de *ser* analista – que nada tem a ver com o discurso analítico, pois o analista não se sustenta em nenhum *ser* – ao *desejo do analista*, verdadeiro motor de uma análise por não visar nada além de que a dimensão do próprio desejo possa surgir do lado daquele que se propôs a um percurso analítico. O passe então, tal como interessa à psicanálise, seria o momento onde "(...) o ato poderia ser apreendido no momento em que se produz" [3].

Foi para dar suporte a esta nova experiência que Lacan montou o que se chama propriamente um *dispositivo*. Tratou-se de privilegiar não mais um saber já sabido, da ordem de um conhecimento a ser repetido, mas de privilegiar o analista como formação do inconsciente. Daí a tentativa de sustentar um outro procedimento que pudesse permitir que algo do inconsciente em jogo na formação que uma Escola dispensa pudesse *passa*r. Por isso a lógica deste dispositivo é aquela dos *passadores*, e se articula em torno de três temos essenciais: o *passante*, que é aquele que por supor ter terminado sua análise decidiu pronunciar-se diante de alguns que, se ainda não a concluíram estão em vias de terminá-la, ou seja, encontram-se num ponto a partir do qual se aposta que tenham a

---

2 LACAN, J. *Outros Escritos*. Rio de Janeiro: Zahar, 2003. p. 311.

3 LACAN, 2003, p. 271.

possibilidade de *deixar passar* o que escutaram, são os *passadores*, o segundo termo essencial do dispositivo. Estes, por sua vez, terão que contar o que escutaram do passante a um *júri*, o terceiro termo, este, composto por AEs, que terá que transmitir o resultado do que escutaram, após certo período de elaboração, à Escola, a seu público, podendo ou não nomear o passante. Isso deixa, de saída, pelo menos uma questão aos novos grupos: quem comporá um júri numa Escola que, tendo já um percurso considerável, ainda não tem AEs? Por essas e outras razões é que mesmo que tenha o dispositivo do passe alguns elementos necessários, uma estrutura mínima, ele deverá levar em conta as particularidades de cada Escola que se proponha a levar adiante, a insistir nesta experiência, até porque ainda que Lacan tenha dito que ela – a experiência do passe em sua Escola – tenha fracassado, o conceito mesmo de *Passe* está profundamente ligado ao de *Escola*.

Não se pretende aqui um aprofundamento a respeito da questão do passe, trata-se somente de sublinhar o fato de que esta proposta nasce como contraponto à forma tradicional e instituída de possibilitar o surgimento de operadores da psicanálise, mas operadores à altura de poder suportar aquilo que se expressa em outro aforismo de Lacan: *A psicanálise é um produto do psicanalisando no ato psicanalítico*, que, dentre outras coisas, quer dizer que *um* psicanalista ao *se* causar, causa *um* psicanalista, e não *o* psicanalista. E é justamente isto que as formas institucionalizadas visam: *o* psicanalista, uma miragem, um *semblant* que suportaria um ser, o que obviamente produz um desconhecimento do que está em jogo e é visado numa psicanálise ou seja "(...) tudo o que dissimula a economia do gozo" [4].

Lacan cria, pois, o Passe como dispositivo numa Escola visando uma recusa à institucionalização da formação analítica, porque dela, desta *recusa*, depende a vigência da psicanálise, uma vez que as formas instituídas, "(...) por assegurarem sem problemas uma rotina que gera [uma] comodidade" [5], destroem e arrastam consigo toda a possibilidade de se ver surgir

[4] LACAN, 2003, p. 287.

[5] LACAN, 2003, p. 264. Lacan cita aqui um amigo que conheceu numa viagem aos EUA.

o *novo*. E por esse motivo o próprio passe deve permanecer como questão: *o que é o passe?* Da mesma maneira que permanece aberta a pergunta *o que é a Psicanálise*? Isso na tentativa de que não se caia em formas idealizadas, que os institucionalizam, uma vez que o *passe*, com a *nomeação* que dele pode advir, o AE, analista da Escola, não deve ser confundido com um pré-requisito, tampouco a nomeação com um título, uma comenda, lugar de poder ou qualquer coisa que implique uma hierarquia, daí sua provisoriedade. Pois ainda que possam surgir imaginarizações em torno desse nome, trata-se somente do fato de que "(...) alguém testemunhou, de forma considerada válida, sobre certos aspectos do fim de sua análise e que venha trabalhar em seu estudo. Um ponto, é tudo" [6]. E isso recebeu um nome, um significante que marca este ponto onde algo *passou* durante um testemunho e que, portanto, *um* analista está em posição de responder pelos problemas cruciais da psicanálise. Ao menos por algum tempo.

Passados pois alguns anos desde a inauguração desta experiência, faz-se necessária uma reflexão a respeito de sua importância hoje, no que diz respeito ao destino da psicanálise e mais especificamente sobre sua importância em nossa Escola, a Escola Lacaniana de Psicanálise de Vitória. A experiência do passe é necessária? Por quê? Para quem? Tais são as questões que podem nos guiar permitindo-nos construir um caminho próprio, e talvez sem tantas *distorções*. Mas algo é certo: que a psicanálise depende de que cada *um* analista advenha como comemoração do Ato freudiano que fundou o campo psicanalítico, e isso *não é sem* um dizer sobre esse ato que não cessa de fazer passar não um saber, mas a *falta*.

Referências Bibliografias:

LACAN, Jacques. **Outros Escritos**. Rio de Janeiro: Jorge Zahar, 2003.

---

[6] Tradução livre do texto *Autour de la passe*, *SCILICET* n°1, p. 230 da edição em francês.

VERBO, OBJETO, NOME: TRÊS TEMPOS DE UMA PERDA QUE SE FAZ DESEJO[1]

*Maria Teresa Palazzo Nazar**

RESUMO: A operação analítica consiste em fazer o sujeito extrair da experiência a perda que estava desde o início. Diante de seu desamparo, o *infans* se lança no precipício das palavras que lhe são endereçadas para, desesperadamente, encontrar uma significação que lhe dará existência: momento inaugural que irá transliterar a perda do objeto em criação metafórica nomeando o sujeito como sintoma para um outro. Ser o desejo do Outro, ser desejado pelo Outro se constitui como o verdadeiro objeto do desejo. Almejar ser desejado pelo Outro é o que define a própria transferência como dispositivo que inaugura uma análise. O "encontro" contingencial entre o sintoma do analisando e seu suposto complemento constitui o sintoma analítico. Este, como produção metafórica, sofre, no desenrolar do trabalho da análise, um deslizamento metonímico do desejo: uma falta, ao final, se faz perda. Mas qual seria a relação do nome com a letra sustentada pelo sintoma, e que conseqüências advém disso, por exemplo, em relação a um final de análise? O que nos ensinaria sobre isso uma *experiência de passe*?

1 Colóquio sobre as formações do analista. Escola Lacaniana de Psicanálise de Vitória. Novembro 2007.

* Psicanalista, membro da Escola Lacaniana de Psicanálise de Vitória.

PALAVRAS-CHAVE: Perda. Sintoma. Sintoma analítico. Nome. Letra. Passe. Final de análise.

Falar em orientação literal implica em considerar o próprio registro do simbólico onde o sujeito, enquanto sujeito do inconsciente, se faz perda, faz sua entrada.

Na origem está a letra que, designando a estrutura de linguagem onde o sujeito está mergulhado, dá o suporte material ao discurso que comparece na fala, localizando o sujeito como "presente-ausente", no momento em que se endereça a alguém.

No livro *O título da letra*[2], a definição de letra inclui a idéia de que se trata de uma matéria sem substância, isto é, que existe somente porque dá a literalidade do que em psicanálise chamamos de sujeito. Bem entendido, literalidade é o próprio simbólico enquanto lugar. É nele que pode surgir e inscrever-se, na cultura, um sujeito, primeiramente e de modo antecipado, pela via do nome próprio, pré-inscrito no discurso dos pais e, depois, na assunção de uma singularidade discursiva.

Para Jacques Lacan, a materialidade do significante designa o fato deste ser localizável sempre como ausência no lugar onde é esperado como substância. Podemos entender então que a estreita relação do significante com o corpo implica em tomar este último não em sua consistência orgânica, mas em seu valor simbólico de corpo significante.

Há uma oposição entre fala e escrito. O inconsciente se manifesta, na fala, por seus equívocos: os tropeços de sentido que constituem o sonho, o ato falho, o sintoma e o chiste. Cada um destes acontecimentos compõe um modo de escrita do inconsciente no real da experiência de cada sujeito.

A estrutura da linguagem esclarece a estrutura do inconsciente pela operação que ocorre quando é demarcado, numa primeira conjugação do verbo (na voz), um signo como tal. Isso significa que o inconsciente

---

2 NANCY, J. L. e LACONE-LABARTHE, Jean-Luc. O título da letra. São Paulo: Escuta, 1991, p. 34.

subsiste como saber na dimensão de um dizer que se escreve na primeira apreensão do objeto: o objeto voz, enquanto traço de identificação ao semelhante, traço este que inclui a criança numa condição humana de falante e, portanto, simbolicamente inscrita numa série geracional. No entanto, é fundamental saber que "pôr o objeto em função de significante consiste em atribuir-lhe valor de cifra"[3]. Por que isso é importante? Porque o sintoma é um ciframento, e todo o trabalho analítico implica em extrair dele a letra, liberando o objeto causa de desejo.

Ora, seguindo esta lógica de raciocínio, a "bela alma" se apressaria em dizer que basta decifrar o sintoma como quem traduz de uma língua para outra para resolvermos o que está causando sofrimento para o pretenso "analfabeto", o analisando. Lacan é prudente em dizer que as coisas não são tão fáceis. Ele recorre a Lévi-Strauss para separar o joio do trigo, em outras palavras, o significante da letra, a partir da explicação que este último dá sobre o mito e sua função. Segundo ele, o mito é o modo de leitura do real, uma construção com a alíngua do encontro do sujeito com o objeto siderante de sua causa. Diante do desamparo, o *infans* se lança no precipício das palavras que lhe são endereçadas para, desesperadamente, encontrar aí o bom porto da significação que lhe dará existência. É esse primeiro momento, inaugural, que translitera a perda do objeto em criação metafórica, o que nomeará o sujeito como sintoma para um outro. Ser o desejo do Outro, ser desejado pelo Outro se constitui como o verdadeiro objeto do desejo, diz-nos Lacan, a partir de sua leitura do *Banquete* de Platão, no Seminário *8, A transferência*[4]. Almejar ser desejado pelo Outro é o que define a própria transferência como dispositivo que inaugura uma análise. O "encontro" contingencial entre o sintoma do analisando e seu suposto complemento (o analista como semblante do objeto, sujeito suposto saber a causa do sofrimento) constitui o sintoma analítico.

O analisando espera do analista uma significação para seu sintoma neurótico. Para isso, ele é levado a colocar o analista como objeto de

---

3 ALLOUCH, J. . Letra a letra. Rio de Janeiro: Companhia de Freud,1995, p 83.

4 LACAN, J. Seminário A transferência. Rio de Janeiro: Jorge Zahar, 1992

sua fantasia, fazendo com que este último seja uma das formações de seu inconsciente. É por isso que, uma vez assim constituído, o sintoma analítico como produção metafórica, sofre, no desenrolar do trabalho da análise, um deslizamento metonímico do desejo que resulta, ao final, na passagem de uma falta-a-ser a uma perda-do-ser, de onde é extraído o objeto que sustentava o sujeito no fantasma a partir da demanda do Outro. Assim sendo, o nome que é dado a cada ser falante faz sintoma porque ele é, em si, a instituição da falta, uma vez que isso se passa antes que o "fala-ser" possa proferi-lo:

(...) O nome mesmo de 'fala-ser' só pode subsistir como falta, visto que , no tempo que precede a proferição do nome, falta o fala-ser que o profere. O conjunto de locuções onde o nome do fala-ser deveria advir será, pois, estruturalmente falho (...) Este conjunto é não-todo: o fala-ser só saberia especificar-se daquilo que nomeia o não-todo das nominações – alíngua. É neste registro de resto que soa o próprio Witz 'fala-ser', indicação suficiente da relação: alíngua é aquilo através do que um ser pode ser dito falante.[5]

É desta alíngua, que se envisca ao corpo como letra original, que se cria um nome com um som e um sentido que são, para cada sujeito, invenção poética. Pode-se dizer que a nomeação recebida é uma primeira interpretação advinda do desejo do Outro inconsciente. Esta nomeação faz sintoma. Isto é, ela é a inscrição positiva do negativo, do que não pode se escrever, e isto é poesia. Assim, no ato da nomeação instaura-se Um sintoma: "O Um dialoga sozinho, recebe sua própria mensagem sob uma forma invertida. É, quem sabe, de fato, não o suposto saber" [6] que a transferência sustenta num outro, suporte imaginário-simbólico da verdade real que se vela ao dar-se um nome. Aqui o dom de amor vem recobrir a perda da Coisa, quer dizer, do objeto impossível que resta no real.

Unbewusst, l'une bévue, "unbivisto", inconsciente, tropeço, escolho.

Lacan afirma o lugar do inconsciente como isso que se introduz de um significante para outro significante: S(Ⱥ).

---

5 MILNER, J. C. O amor da língua. Porto Alegre: Artes Médicas. 1987, p 62.

6 LACAN, J. Seminário L'insu que sait de l'une-bévue s'aile à mourre. Inédito, aula de 10 de maio de 1977.

Mas, afinal, qual seria a relação do nome com a letra e que conseqüências advém disso, por exemplo, em relação a um final de análise?

Vai-se devagar nesta trilha pois ela é tortuosa.

A primeira questão diz respeito ao fato de que o nome vem nomear o irrepresentável, o inominável da letra. Ele é, portanto, um recobrimento e, ao mesmo tempo, o apontamento de uma falha no discurso do Outro. A questão é que na constituição subjetiva de um sujeito isso passa completamente em silêncio. Onde é que as coisas tomam colorido, isto é, em que lugar aparece esta falha do discurso do Outro? Justo no sintoma neurótico. Mas aí também as coisas não se esclarecem; pode-se até dizer que elas se complicam, ficam mais obscuras, enigmáticas.

Sabemos que só alcançamos a verdade do inconsciente porque ele se mostra através de suas formações, isto é, seus tropeços. Também é sabido que a transferência é a operação através da qual esses tropeços podem aparecer designando o lugar do sujeito inconsciente.

A operação analítica consiste justamente em fazer o sujeito extrair da experiência a perda que estava desde o início: "A perda que estava ali da saída é a perda do sujeito como objeto causa". [7] Essa afirmação lacaniana vem ilustrar o fato de que ao dar nome, o Outro aceita encarnar a perda com suas palavras. O objeto cai afetando o Outro que acusa o golpe dando-lhe um nome. Esse descompletamento do Outro é sua própria barra, e o sujeito, ao receber e identificar-se a esse ponto de falha no Outro, torna-se o objeto causa do desejo do Outro. Por quê? Porque esta é a única via para alcançar seu próprio desejo que é o desejo do Outro. Este desejo do Outro, fixão para o sujeito, é transmutado em desejo do próprio sujeito: a ficção sobre sua posição fantasmátia no desejo parental. A interpretação psicanalítica permite o deciframento do enigma do nome próprio que se torna então nome comum. Um exemplo clínico: a clínica é sempre oportuna para ilustrar o que se quer dizer. Darei o exemplo e uma experiência de passe cuja eficácia no ponto de transmissão deu-se através de um funcionamento de júri que não pôde senão fracassar em sua

---

[7] RABINOVICH, D. O desejo do psicanalista. Rio de Janeiro: Companhia de Freud. 2000, p. 86.

avaliação. Tratou-se de uma experiência de análise cuja questão girou em torno de um sintoma que privilegiou a pulsão oral. O nome próprio do sujeito soava-lhe enigmático, era motivo de uma estranha vergonha. Este nome trazia a marca do desejo do Outro que a análise revelou. Assim, um nome próprio como, por exemplo, XYZ, será, para o sujeito, não apenas um nome enigmático, mas a marca do desejo do Outro que a análise terá que revelar.

Na transferência, esse nome se repetia como enigma, perpassando toda a experiência. Na montagem do algoritmo da transferência via-se, como significante da transferência, o nome próprio do analista, reconhecido na comunidade à qual pertencia, sustentando, como implicação significante qualquer, que fisgou o sujeito, a questão da ascendência imigrante. O sujeito S trazia em sua história uma marca equivalente; foi por este viés que a transferência pode se estabelecer. O saber suposto presente dos significantes recalcados no inconsciente estava em instância; então, o sujeito representava como demanda de amor ao Outro um sintoma, cujo deciframento pôde fazer surgir o ponto de perda de sentido onde uma letra, real, era a causa do sintoma.

Na queixa dirigida ao Outro materno - "ela não me amamentou" -, de que desmame não realizado sofria o sujeito?

Da queixa, vai-se ao primeiro significante mestre, que o analista recortou na transferência: "chocoleite". Tratava-se de desmamar de um leite choco, estragado. Essa marca de recusa enigmática funcionava como cicatriz que as inúmeras cirurgias plásticas sofridas não puderam apagar.

Havia, então, a necessidade de outro corte, em outro corpo, para que uma transmutação de falta em perda pudesse se dar, no discurso.

Outro significante-mestre, enigmático, vem nomear o sujeito: princesa.

Ora, uma princesa é o próprio sonho da feminilidade, adereço imaginário-simbólico para o horror da castração. Foi da articulação deste significante com o significante "chocoleite", e ainda um outro, que adveio num sonho como imperativo - SARI - SARE, que se articulavam na montagem fantasmática: tratava-se de responder, em duas direções, ao desejo do Outro. De um lado, um pai que se encontrava em dívida com sua própria mãe. O advento de uma filha funcionaria, na nomeação desta, como passe de liberdade, já que era prova de seu amor e gratidão, uma perpetuação de nome. De outro lado, uma mãe em falta com sua própria castração, a quem não havia sido franqueada a passagem à feminilidade e que, portanto, não se autorizava a transmitir suas insígnias senão de forma velada, dando à filha um "nome de princesa".

O SARI, vestimenta feminina, adereço que é para vestir o corpo, desvela-se como SARE, imperativo verbal que exigia ver, no ponto do nó sintomático, a falha na transmissão.

Foi preciso extrair dos dados do nome o que seria uma nova versão, objeto causa advindo no ponto da perda do sentido anterior do nome, para que no lugar do instrumento que havia sido o sujeito-suposto-saber pudesse advir o objeto **a**, causa de desejo.

A psicanálise é a interpretação das raízes significantes daquilo que constitui a verdade do destino do homem (...) compromete mais do que nunca aqueles que assumem o lugar de analista, porque os coloca num lugar inédito, o de se prestar a uma operação graças à qual alguém possa recobrar uma margem, mesmo que seja mínima, de liberdade. É uma liberdade não-generalizável, não-submetida a nenhum imperativo ou lei universal, que não é válida para todos os homens e "todas" as mulheres, mas somente para um sujeito em particular. [8]

Referências bibliográficas

ALLOUCH, J. **Letra a letra**. Rio de Janeiro: Companhia de Freud. 1995, p. 83.

LACAN, J. **O seminário**: livro 8: a transferência. Rio de Janeiro: Zahar, 1992

________ **O seminário**: L'insu que sait de l'une-bévue s'aile à mourre. Aula de 10 de maio de 1977. Inédito.

MILNER, J. C. **O amor da língua**. Porto Alegre: Artes Médicas. 1987.

NANCY, J. L., LACONE-LABARTHE, Jean-Luc. **O título da letra**. São Paulo: Escuta. 1991.

RABINOVICH, D. **O desejo do psicanalista**. Rio de Janeiro: Companhia de Freud. 2000.

[8] Idem, p 94 e 95.

DO FINAL DE ANÁLISE AO NASCIMENTO DO DESEJO DO ANALISTA[1]

*Vera Lúcia Saleme Colnago**

RESUMO: O que é um analista? Essa pergunta deve estar sempre presente numa escola de psicanálise. Um psicanalista nasce de uma experiência vivida numa análise pessoal. Esse texto visa trazer alguns elementos teóricos sobre um percurso analítico, e também, reflexões sobre a passagem de analisando a analista.

PALAVRAS-CHAVE: Transferência. Sujeito. Inconsciente. Desejo. Objeto a. Entusiasmo. Significante. Nome-do-Pai. Analista. Real. Simbólico. Imaginário.

"Não-todo ser falante pode autorizar-se a produzir um analista. Prova disso é que a análise é necessária para tanto, mas não é suficiente (...) Só existe analista se esse desejo lhe advier, que já por isso ele seja o rebotalho da dita humanidade (...) A partir daí, ele sabe ser o rebotalho. Isso é que o analista deve ao menos tê-lo feito sentir. Se ele não é levado ao entusiasmo, é bem possível que tenha havido análise, mas analista nenhuma chance." [2]

---

1 Colóquio sobre as formações do analista. Escola Lacaniana de Psicanálise de Vitória. Novembro 2007.

* Psicanalista, Membro da Escola Lacaniana de Psicanálise de Vitória.

2 LACAN, Jacques. Nota Italiana. Outros Escritos. Jorge Zahar Editor. RJ.1981.p. 312 e 313.

Tratar da questão da formação do analista não é tarefa fácil, mas necessária àqueles que se lançam a percorrer o caminho da psicanálise. O que é um analista? Essa pergunta deve estar sempre viva no seio da comunidade psicanalítica. Freud em seu primoroso texto Análise Terminável e Interminável diz que é "na análise de si mesmo que começa sua preparação para a futura atividade" [3] e, acrescenta mais adiante "Essa análise terá realizado seu intuito se fornecer àquele que aprende uma convicção firme da existência do inconsciente, se o capacitar, quando o material recalcado surge, a perceber em si mesmo coisas que, de outra maneira seriam inacreditáveis para ele, e se lhe mostra um primeiro exemplo da técnica que provou ser a única eficaz no trabalho analítico"[4]. Entretanto, ele afirma que "só isso não bastaria para sua instrução, mas contamos com que os estímulos que recebeu em sua própria análise não cessem quando esta termina, com que os processos de remodelamento do ego prossigam espontaneamente no indivíduo analisado, e com que faça uso de todas as experiências subseqüentes nesse recém adquirido sentido. Isso de fato acontece e, na medida em que acontece, qualifica o indivíduo analisado para ser, ele próprio, analista."[5] Ressalto no texto aquilo que Freud aponta como um para além da convicção firme da existência do inconsciente, necessário à formação do analista, que são os estímulos que não cessariam findada a análise. Que estímulos seriam estes?

Quando um sujeito, qualquer que seja, busca uma análise pessoal não tem *a priori* a dimensão dos seus efeitos. Se o percurso analítico caminha regido pela ética, em que o real é recortado pelo simbólico numa sucessiva série de intervenções significantes e, sobretudo, se o Ato analítico se fizer presente, teremos a seu termo o encontro à escritura. Escritura que é, diga-se de passagem, a inscrição mais primitiva do sujeito no universo da linguagem, crucial à experiência de discurso. Entretanto, para

---

[3] FREUD, S. Obras Completas. In: Análise Terminável e Interminável. Rio de Janeiro: Imago. p. 282.

[4] Ibid. p. 283.

[5] Ibid. p. 283.

que isso ocorra, é necessário o estabelecimento da transferência, essencial para a vivência, por repetição, do que se passou na constituição do sujeito na sua trama familiar.

Uma estruturação psíquica ocorre num contexto familiar. O texto que o sujeito produz de sua história é escrito com as letras, significantes, ofertados pelo Outro. Num primeiro tempo, pelo Outro materno, e depois pelo Outro passador do significante paterno. Todo o campo de saber do sujeito/desejo é, então, construído com as ferramentas do simbólico, transmitidos geração a geração, através do discurso.

No percurso de uma análise é o analista que deve realizar essa transmissão. Lacan cria o esquema Z (ver o esquema a seguir) que nos esclarece sobre as várias elaborações teóricas que dizem respeito à estruturação psíquica do ser humano: a formação do eu, a fundação do sujeito e os elementos essenciais do funcionamento da situação psicanalítica. O analista deve ocupar o lugar do outro (ideal de eu) possibilitando, assim, o estabelecimento da relação de sujeito-suposto-saber na transferência. Ele paga com seu corpo e palavra, emprestando apenas um contorno, para que o analisando ali deposite sua trama familiar. Ao permitir a encenação, sob a égide da transferência, das questões fantasmáticas do analisando, cria condições para suas intervenções.

No entanto, o analista deve cair desse lugar para habitar, pontualmente, o campo do Outro (A). O que se produz nessa queda é a quebra do eixo imaginário e, como efeito dessa operação, há emergência do sujeito. O analista, que é atravessado pelo Outro (A) ocupa, nesse instante, o lugar de *semblant* de objeto causa de desejo. Torna-se, então, agente do discurso analítico (ver esquema abaixo) que, em Ato, promove uma mudança discursiva no analisando. É a falta, ou melhor, o real, que advêm do Inconsciente por meio de uma operação simbólica provocando o des-ser do analista. E, do lado do analisando emerge o sujeito pelo encontro com o objeto a (causa de desejo). Ele, então, se subtrai da posição alienante de ser objeto – i (a) – da demanda do Outro para ocupar o lugar da falta.

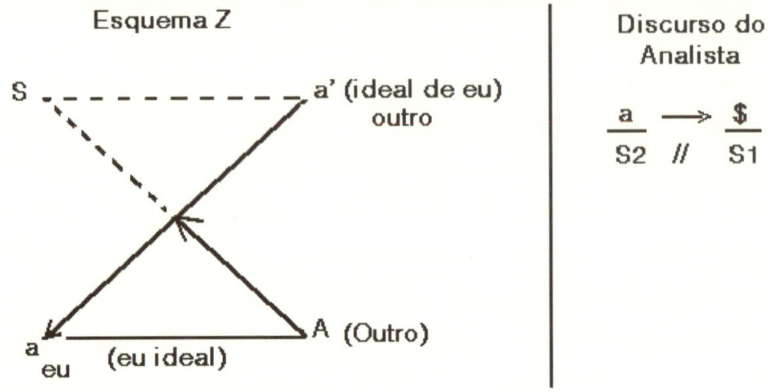

O Ato analítico é raro e pontual. Por sua força se produz o S1, significante primeiro, que como função Nome-do-Pai arranca o sujeito do lugar de objeto imaginário para o outro. Ele é também significante mestre que representa o sujeito inaugural para um outro significante, S2. O sujeito, a partir do encontro com a falta originária, cria novas metáforas com os significantes do campo do Outro para revestir-se novamente. Esses efeitos de reviradas devem ocorrer sucessivamente, num percurso de uma análise, até sua finalização. Refaz-se o já existente, mas sempre não-todo, pois a primeira marca é irredutível. Resta o traço com o qual o sujeito irá reescrever a sua história, mas com as várias versões do pai, ou seja, suas per-versões.

Retomo a questão inicial recortada do texto de Freud sobre "estímulos que não cessariam findada a análise" e, acrescento a fala de Lacan "... se ele não é levado ao entusiasmo, é bem possível que tenha havido análise, mas analista nenhuma chance." O fato do sujeito ao final de sua análise reescrever sua história, não é suficiente para responder sobre a sua decisão de sustentar o lugar de analista, ou de *objeto a*, para outros.

Lacan foi quem deu um passo a mais em relação a essa questão. Ele criou o dispositivo do passe uma vez que, acreditava que o único ponto da experiência para o qual se deve voltar o grupo analítico é o ato inaugural do analista. O dispositivo do passe é o lugar de verificação da passagem de analisando a analista. Várias questões surgem sobre o passe, dentre elas destaco algumas para reflexão: qual a importância do passe para uma Escola de Psicanálise? Por que alguns sujeitos decidem fazer o depoimento dessa passagem? Qual a função do dispositivo para o passante? Quais elementos de estrutura devem comparecer no depoimento que forneça as condições que testemunhem à passagem de analisando a analista?

Primeiro, é preciso dizer que o dispositivo do passe é o lugar de transmissão do real humano em sua radicalidade. E por quê? Sabemos com Lacan, e também, pelo que foi dito anteriormente, não há possibilidade do comparecimento do sujeito sem objeto que o cause, o objeto a. A visada de uma análise vai para além da emergência do sujeito do desejo. O de que se trata, ao final, é da travessia da fantasia, melhor dizendo, da queda do sujeito do lugar de objeto imaginário em que se fixou para responder a demanda do Outro. Essa travessia, advinda pelo comparecimento do objeto a, real, efeito do discurso analítico determina, então, o final da análise. Mas isso não é suficiente para dizer que se trata da passagem de analisando a analista.

Lacan nos diz que para haver analista é preciso mais, ou seja, que haja entusiasmo. Mas o que é isso? No início de um percurso de análise, o analisando, é governado pela repetição sintomática tecida por sua trama significante advinda do inconsciente. O enredo de sua história, escrito e dirigido pelo Outro, conduz o espetáculo de sua vida. Ele se faz ator da representação de si próprio, um personagem que não foi por ele escrito. Por isso, muitas vezes, representa o seu papel sem a emoção e o entusiasmo necessários a contagiar o "público". Na sua vida, é como se não se implicasse nos seus atos. Daí comparecerem os entraves próprios do humano: dificuldades de se relacionar com parceiros amorosos e sexuais, de ter sucesso profissional, entre outros.

O ser humano tem sempre muitas dificuldades em sustentar seu desejo, pois há sempre uma falência da presença do pai, enquanto função simbólica, no mundo. Os sujeitos por isso são sempre frágeis; alguns mais, outros menos dependendo de como se deu a estruturação psíquica de cada um. A função paterna, que é sempre falha, permite aos sujeitos construírem os sintomas, fetichismos e delírios; quer se trate de neurose, perversão ou psicose. Essas são as três modalidades de defesas lidas e conceituadas pela psicanálise como sendo as estruturas clínicas. Contudo, vale lembrar que o último Lacan abole essa divisão, exatamente por verificar a flexibilidade do ser humano no que diz respeito a sua posição de sujeito. O que interessa, em última instância, é constatarmos que o homem busca se manter, a qualquer custo, como sujeito. Há um real sempre presente insistindo em ser cifrado pelo simbólico. É justamente sobre esse real inaugural, que a força pulsional dionisíaca[6] pode nos auxiliar a esclarecer, sobre o ponto da passagem de analisando a analista que se sustenta para além de uma análise.

Nietzsche, em seu livro *A Origem da Tragédia* fala que, enquanto irrompe o grito de alegria mística de Dionísio, o jugo da individuação se rompe, e se abre o caminho para as causas geradoras do ser, para o mais fundo secreto das coisas. Essa causa geradora do ser não seria o som, ou melhor, a voz do Outro (Dionísio), primordial que invoca o sujeito, a ex-sistir. Esse som é a presença do A no mundo que nos convoca à vida, pois ao nascermos não somos mais que um naco de carne, puro real, que precisa ser constituído como corpo significante para aceder ao universo humano. Entretanto, para o advento da existência efetiva de um sujeito no mundo faz-se necessário uma inscrição simbólica. O significante paterno, nesse tempo, funciona como puro campo da alteridade que faz eco e convoca à ex-sistência do sujeito. A nomeação inscreve no vazio originá-

---

6 Dionísio – Filho de Júpiter e Sêmele, princesa tebana. Como era filho de uma traição do pai, sua mãe foi morta em chamas e ele foi arrancado do ventre da mãe pelo deus Vulcano que costurou-o em sua própria coxa para que completasse a gestação. Chegado o momento, o pequeno rasgou a carne paterna e saiu para a vida. Foi criado pelas Ninfas. Descobriu a uva e que dela podia fazer o vinho. Sendo filho de pai divino e mãe mortal, Baco não era aceito como Deus.E logo que descobriu os efeitos da bebida que inventara decidiu utilizá-la para impor sua divindade aos homens e aos seres olímpicos.

Através do vinho, que o deus tornava abundante, todas as preocupações abandonavam os humanos. Perdia-se o medo, e a coragem aumentava. Havia uma profunda confiança no próprio poder e isso os impulsionava a grandes atos. Quando do uso do vinho, os homens sentiam a presença de força superior, divina, e acreditavam dotados de poderes iguais aos deuses. Por isso dedicavam a Dionísio um culto diferente do que reservavam às demais divindades: estas existiam fora deles, enquanto Dionísio, muitas vezes, tomava vida e atuava dentro de si.

Outro elemento novo foi acrescido à sua lenda: a paixão. Tomados pelo ciúme os outros deuses despedaçaram-no. Porém, Atena (Minerva) salvou-lhe o coração, da qual Zeus fez renascer seu filho. O próprio nome do deus refere-se a esse acontecimento de sua origem, uma vez que etimologicamente significa "duas vezes (dis) nascido (ónisos)".

rio de um ser, uma falta fundando o lugar do sujeito a advir. O simbólico e o real se nodulam nesse tempo primitivo da constituição psíquica.

Lacan no *Seminário 5: As Formações do Inconsciente*, fala desse inapreensível:

> Com efeito, nem todo desejo é suscetível de entrar no inconsciente. Só entram no inconsciente os desejos que, por terem sido simbolizados, podem, ao entrar no inconsciente, conservar-se em sua fórmula simbólica, isto é, sobre a forma indestrutível, cujo exemplo Freud retoma no Witz. São desejos que não se desgastam, que não tem o caráter de impermanência próprio a toda insatisfação, mas que ao contrário, são sustentados pela estrutura simbólica, que os mantêm num certo nível de articulação do significante..."[7]

Será então esse ponto de nodulação inaugural entre real e simbólico, que pode ser traduzido por S(A), que mantêm o movimento pulsional constante no analista? Não seria esse o ponto que deve passar como um clarão num dispositivo do passe?

Ao final de uma análise há uma verdadeira renúncia ao gozo, em que a máscara cai, e se mostra o horror de saber. É o encontro com o inaudito e inominável que promove as quedas de todas as crenças, dos ideais. Surge, então, a perda parcial da adesão da pulsão aos objetos que até então davam suporte imaginário ao sujeito. A pulsão fica acefá-la, pois os objetos perdem a consistência necessária para a sustentação do movimento pulsional. A vida perde o brilho. Não tem mais o canto que seduz e conduz para algum caminho. Canto... Será que nesse tempo de pura destituição subjetiva não se trata de deixar e, esperar, que um novo canto possa advir? O que produz este som que faz ressoar o real de que nos fala Dionísio, e que faz empuxo a um novo movimento da pulsão? E será que esse ponto do inaudito originário pode soar para todos? Não seria essa uma questão para pensarmos no porque ocorre uma melancolização em alguns nos seus finais de análise? São questões para nossas reflexões.

---

7 LACAN, Jacques. O Seminário, Livro V: As Formações do Inconsciente. Jorge Zahar.RJ.p. 97

O que poderia constituir um novo enlace pulsional em torno do objeto a? O que leva alguém, após o término de sua análise, querer sustentar o lugar de objeto a, causa de desejo para outros? A nodulação real e simbólica precisa de uma materialidade imaginária para ser atravessada pela voz. Se há sustentação do desejo do analista, por alguns, não seria por encontrar na psicanálise esse ponto inaudito que faz empuxo a pulsão? Há uma força constante, em que o circuito pulsional não está mais preso no *automaton* da rede de significantes familiares. O estranho se impõe ao familiar pelo encontro real. E na medida em que renasce, tal como Dionísio, nascido duas vezes, se refunda com uma nova seriação significante que será o tecido de sua nova roupagem. Como efeito dessa passagem um novo familiar, o saber psicanalítico, faz corpo ao estranho do desejo do Outro. Mas numa relação outra ao saber, posto que sustentado pelo desejo do analista que é desejo, de desejo, de desejo...

Referências Bibliográficas:

FREUD, Sigmund. Análise Terminável e Interminável. In: _______. **Obras Psicológicas completas**. Rio de Janeiro: Imago,1977

LACAN, Jacques. Nota Italiana.In: _______. **Outros Escritos**. Rio de Janeiro: Jorge Zahar, 1981.

_______. **O Seminário**: Livro 5: as formações do inconsciente. Rio de Janeiro: Jorge Zahar, 1981

NIETZSCHE, Friedrich. **A origem da tragédia**. São Paulo: Madras, 2005

O CARTEL E A QUESTÃO DA IGUALDADE NOS GRUPOS[1]

Alcione da Penha Vargiu Vasconcellos de Andrade *

RESUMO: O cartel é um pequeno grupo e a Escola um grupo um pouco maior. No entanto, sua estrutura foi pensada por Lacan, justamente para minimizar os efeitos de grupo nas instituições psicanalíticas. Freud afirma que o que mantém unido o grupo é a libido que liga os membros entre si e ao líder, através de uma exigência de que o igualamento seja sistematicamente realizado. A forma como Lacan propõe o funcionamento de Escola provoca o comparecimento da diferença, na medida em que a idéia de gradus convoca a cada um, a partir de sua singularidade desejante, a fazer progredir a psicanálise.

PALAVRAS-CHAVE: Cartel. Escola. Grupo. Igualdade. Gradus

No início deste ano, por ocasião da saída de alguns membros da Escola Lacaniana de Vitória, fez-se necessário pensar uma nova composição para a Secretaria de Cartéis, o que se deu a partir da permanência de duas pessoas que reafirmaram seu desejo de responder por esse lugar na Escola, mais o pedido de outras duas pessoas que solicitaram estar na Secretaria e, Mais - Uma, convidada para compor esse lugar.

1 Texto apresentado no VI Encontro da ELPV "A Formação do Analista e Transmissão da Psicanálise", realizado em 27 e 28 de novembro de 1998.

* Psicanalista, membro da Escola Lacaniana de Psicanálise de Vitória

Essa constituição apontava para um funcionamento de cartel; mas, como conciliar as funções de escuta com o estudo teórico? Ao mesmo tempo, não podíamos abrir mão de avançar teoricamente nas questões relativas ao trabalho de cartel: função Mais-Um, permuta, constituição, produção, dissolução, etc.

Constituiu-se então, um cartel com o tema "A função dos cartéis na Escola", do qual faziam parte os membros da Secretaria de Cartéis. Dois lugares diferentes, que se alimentavam mutuamente, ou melhor, moebianamente, uma vez que não se sabe ao certo onde terminava um e começava o outro. A idéia era fazer avançar algum saber possível sobre a experiência de cartel, a partir da teorização apoiada no real da experiência, que era recolhida através dos testemunhos dados pelos cartéis nas reuniões com a Secretaria, na apresentação de suas produções ou na exposição de suas crises.

Naquele momento, era urgente acolher o testemunho dos cartéis que estavam se dissolvendo devido à saída de alguns membros da Escola. Era mesmo necessário provocá-lo, no sentido de promover alguma elaboração dessas dissoluções. Ao mesmo tempo, meio timidamente, novos cartéis foram se constituindo, e também era importante uma escuta desses inícios.

Mas, a cada convocação para ouvir um cartel que se dissolvia ou que se constituía, comparecia um mal estar por parte dos cartéis em relação ao chamado da Secretaria: "o que vocês querem com a gente?" O mesmo ocorrendo quando um cartel era convocado a ocupar o espaço de Produção de Cartéis. O convite era tomado de forma superegóica e alguns se recusavam a uma apresentação de seu percurso.

Começamos a nos perguntar: "o que se quer desse lugar, Secretaria de Cartéis?" A resposta que obtínhamos da Escola era de que a Secretaria deveria atuar de forma mais analítica que burocrática, funcionando como Mais Um para os cartéis.

Mas, por que esse mal estar com relação às convocações? É necessário lembrar que um cartel é um pequeno grupo e a Escola, um grupo um pouco maior. No entanto, sua estrutura foi pensada por Lacan, justamente para amenizar os efeitos de grupo nas instituições psicanalíticas. O cartel, através da função Mais Um, e a Escola, baseada no funcionamento dos cartéis e sustentada pelo passe, são contrários ao funcionamento de grupo, cuja subsistência é garantida por haver muitos iguais, que podem identificar-se uns com os outros, e uma pessoa isolada, superior a todos eles. A tendência às leis do grupo é pregnante, e assim como não há analista o tempo todo, o cartel e a Escola são pontuais, efeitos do discurso analítico sobre o grupo que lhe serve de suporte.

Em "Psicologia de grupo e análise do ego", Freud afirma que o que mantém unido o grupo, o que faz liame, é a libido, os laços emocionais que ligam os membros entre si e ao líder. Essa estrutura libidinal se mantém através da "exigência de que o igualamento seja sistematicamente realizado" [2], ou seja, de que todos sejam iguais uns aos outros e igualmente amados pelo líder.

A forma como Lacan propõe o funcionamento de sua Escola, provoca o comparecimento da diferença, na medida em que a idéia de gradus convoca a cada um, a partir de sua singularidade, a fazer progredir a psicanálise, numa ruptura da hierarquia, sem, no entanto suprimi-la. "O gradus é conforme a capacidade que se mostra de fazer a Escola progredir. Ele não se confunde com um grau hierárquico"[3] Mas, o grupo reclama pela hierarquia, pelo mestre, e Lacan lembra o poder que é dado àqueles que trabalham; no entanto, o grupo não suporta o comparecimento da diferença entre seus membros. Vê-se o mal estar causado pelas nomeações conferidas pela Escola, a escolha de um novo diretor, as mudanças na composição dos lugares, o autorizar-se a realizar um evento, etc.

O cartel, como célula mínima da Escola, obedece à lógica do um a um, desfavorecendo a identificação entre os membros. Mesmo o projeto coletivo do cartel, serve apenas para definir o tema e nortear o percurso teórico básico, mas são os projetos individuais que, nodulando o saber já produzido à particularidade da questão de cada um, podem fazer avançar a psicanálise.

---

2 FREUD, S. Psicologia de grupo e análise do ego. In: Obras completas. Vol. XVIII, Rio de janeiro: Imago, p.154.

3 LACAN, J. Proposição de 9 de outubro de 1967 (1ª versão). In: Documentos para uma Escola II. Rio de janeiro: Letra Freudiana, p.24.

Se o funcionamento de cartel se opõe às leis de grupo, não é de admirar que haja resistência à sua efetivação. Resistência que se encontra, por exemplo, no pudor em escolher o Mais Um. Muitas vezes se faz uma escolha apostando-se no não funcionamento da função, outras vezes, fica-se na recusa de uma escolha, elegendo-se como Mais Um o texto, Freud, Lacan, etc. Em ambos os casos, trata-se de um não reconhecimento da diferença, do gradus no interior do Cartel.

É freqüente que após uma apresentação das produções de um cartel, haja um esvaziamento libidinal entre os membros e entre esses e o tema. Talvez, porque nesses trabalhos individuais se presentifique a tentativa de uma escrita da diferença. Mas, é essa tentativa de demonstrar que não há relação sexual, "demonstrar que essa relação é impossível de se escrever" [4] que relança, pela insistência nessa tentativa, uma questão que pode fazer novo liame entre os membros do cartel, e faz com que o trabalho continue nesse grupo ou provoque uma permuta. Se isso não acontece, se a produção é um texto a ser aprovado pelo grupo, um texto apenas conforme e pró-forma, o cartel tende a se dissolver antes mesmo de haver realizado o percurso a que se propunha; ou a se perpetuar indefinidamente, sem produção.

Ainda sobre a exigência da igualdade no grupo, o que significaria uma Escola de psicanálise onde a assembléia fosse soberana? Lacan, no "Discurso a EFP", diz que "toda resposta de classe implica a igualdade suposta, a equivalência mútua, toda resposta cortês, bem entendido"[5]. Deixa uma equivocação ao utilizar a expressão "resposta de classe", que tanto pode ser entendida como resposta de uma categoria, do tipo profissional, por exemplo, quanto como resposta cortês, polida, gentil. Essa ambigüidade aponta para a conformidade cortês presente numa decisão dita de classe. Afinal, Freud nos diz que se opor ao grupo é tão pouco desejável quanto se separar dele.

A estrutura da assembléia favorece a identificação entre os membros

---

4 LACAN, J. Nota Italiana. In: Documentos para uma Escola II. Rio de janeiro: Letra Freudiana, p.52.

5 LACAN, J. Discurso a EFP. In: **Documentos para uma Escola II**. Rio de janeiro: Letra Freudiana, p.26.

do grupo e o comparecimento do líder, uma vez que o gradus pode ser tomado como hierarquia. Ao mesmo tempo, se há alguma validade na utilização da assembléia numa Escola, é pelo reconhecimento do gradus, da diferença de percurso, onde cada voz ganha o peso que lhe é conferido pela transferência, ou seja, pelo trabalho: transferência de trabalho.

Nesse sentido, a forma mais "igualitária" de se estar numa Escola, talvez seja que cada um faça sua entrada (que não se dá necessariamente no momento de admissão na Escola) por uma decisão ética, relativa ao desejo.

O cartel é a base da Escola porque sua função é convocar a questão desejante de cada um, alimentando a Escola do real da experiência das análises de seus membros, e ao mesmo tempo, possibilitando que as questões sintomáticas que comparecem no funcionamento da Escola sejam endereçadas para as análises. Tanto o percurso de análise quanto o funcionamento de Escola demandam uma teorização, e o cartel é um ponto de junção entre análise em intensão e análise em extensão; ponto de articulação entre o desejo e a transmissão.

Referências Bibliográficas:

FREUD, Sigmund. Psicologia de grupo e análise do ego. In: **Obras Psicológicas completas**, v. XVIII. Rio de Janeiro: Imago, p.154.

LACAN, Jacques. Proposição de 9 de outubro de 1967 (1ª versão). In: ______. **Documentos para uma Escola II**. Rio de Janeiro: Letra Freudiana, p.24.

______. Nota Italiana. In: **Documentos para uma Escola II**. Rio de Janeiro: Letra Freudiana.

______. Discurso a EFP. In: ______. **Documentos para uma Escola II**. Rio de Janeiro: Letra Freudiana.

Recortes sobre o passe[1]

*Claudia Pretti Vasconcellos Pellegrini**

Resumo: Este texto se propõe a colocar as questões que surgiram no Cartel sobre as questões referentes ao percurso de uma análise e o Dispositivo do Passe.

Palavras-chave: Não saber. Desejo de saber. Horror de saber. Entusiasmo. Passe.

Temos trabalhado neste cartel, já há algum tempo, a questão do Saber e do Entusiasmo. Isso foi suscitado pelas perguntas que originaram a constituição do Cartel, das quais vou destacar uma que estava privilegiada no meu projeto individual.

Qual a necessidade do Passe para a Escola? E para o analista?

Parecia-me impossível pensar em dispositivo do Passe em nossa escola, antes de ter estas perguntas esclarecidas.

Quando Lacan propõe o Passe, ele o faz visando a sobrevivência da Psicanálise, esperando que a experiência única de cada analista pudesse advir no grupo, nutrindo a escola. Se a formação do analista é uma expe-

[1] Texto apresentado no Espaço Escola, dia 27 de Março de 2006.

* Psicanalista, Membro da Escola Lacaniana de Psicanálise de Vitória.

riência que foge a qualquer possibilidade de modelos pré-estabelecidos, e repousa no "autorizar-se de si mesmo e de alguns outros", é no dispositivo do Passe que poderíamos verificar o que foi essa passagem de analisando a analista. Isso justificaria o fato dele ter colocado o Passe como a única coisa da ordem da necessidade para o grupo analítico, chegando inclusive a propor o mesmo como porta de entrada ao grupo italiano.

O Passe é portanto o momento em que se pode apreciar "por que razão alguém assume esse risco louco de se tornar o que é esse objeto a". (Nota Italiana)

Foi portanto a partir dessas questões que nos colocamos a trabalhar em torno do Saber e do Entusiasmo. Parecia claro, a partir de nosso percurso e das discussões anteriores no Espaço-escola que era, a partir daí, que poderíamos construir alguma base, algum Saber, que nos permitisse, clareando as perguntas iniciais, pensar a questão do dispositivo.

Podemos dizer que uma análise diz respeito ao Saber. Mas que Saber é este? A questão do Saber é, digamos assim, embaraçosa para o sujeito humano, na medida em que ele sabe mais do que sabe. Ou seja, ele sabe, mas não sabe que sabe. É assim que ele chega em uma análise. Há um sintoma que o governa, que o domina, e sobre o qual ele nada sabe. Neste momento, ele vai supor este Saber no analista. O analista sabe algo que poderá livrá-lo de seu sintoma.

No trabalho de uma análise, no manejo da transferência, a queda do imaginário, do sentido, pela via da equivocação, vai sulcando uma marca, um resto. A partir daí, sempre impulsionado pelo Desejo de Saber, pela via do discurso da histérica, o sujeito poderá construir algum saber sobre o real. É esse o trabalho de uma análise, a construção de um Saber sobre a Verdade. Um Saber que advém, digamos assim, de um primeiro corte, e que possibilita que o sujeito possa se desembaraçar de seu sintoma, possa saber fazer com o sintoma.

Lembro aqui de uma fala de Lacan no Seminário XVII que provocou muitas questões em nosso cartel: ... "O desejo de saber nada tem a ver com o saber".

"O que leva ao saber é o discurso da histérica".

A pergunta que surge é: Qual é o saber de que se trata? O saber produzido numa análise, no seu final, é o mesmo que irá circunscrever o lugar de dejeto, portanto, horror de saber?

Se assim fosse, teríamos que supor que o final de análise é o mesmo para todos, inclusive para aqueles que se propõe a serem analistas.

No entanto, não é essa a indicação de Lacan. Na medida em que ele afirma que o final de análise nada tem a ver com o passe, ele nos diz que é preciso, para estes que decidem ocupar este lugar (de a), é preciso ir mais longe, dar um passo além, fazer uma segunda vez o corte.

Destaco aqui alguns trechos do L'insu.

"O homem não saca muito deste assunto de saber. Isso lhe é imposto pelos efeitos de significante, e não é cômodo, ele não sabe "fazer com" o saber. E sua debilidade mental".

"O Consciente e o Inconsciente estão suportados e comunicam por um mundo tórico".

"Por assim o acento sobre a função do saber de "l'une bévue" (equivocação) pela qual eu traduzo o inconsciente pode efetivamente fazer com que a vida de cada um se arranje melhor, mas isso é uma estrutura de natureza essencialmente diferente da do nó borromeano".

"É precisamente por isso que Freud insistia para que os psicanalistas voltassem a fazer o que correntemente se chama um corte, quer dizer que façam uma segunda vez o corte, restaurando assim o nó borromeano em sua forma original".

Então, construir um saber numa análise permite que a vida do sujeito se arranje melhor, que ele se desembaralhe de seu sintoma, sabendo fazer com o sintoma, a partir da aquisição deste saber. O que se privilegia numa análise e a aquisição do saber. Não sua descoberta, pois ele não estava escondido à espera de ser descoberto, mas justamente uma construção.

Para o analista, é preciso ir além circunscrevendo o que foi seu lugar de dejeto no lugar onde se viu desejado pelo Outro, sendo levado por isso ao horror, horror de saber.

Por isso, Lacan fala do analista como rebotalho da humanidade, desse que se ocupa daquilo sobre o qual a humanidade nada quer saber, que se dispõe a olhar de frente esse ponto de horror e fazer desse horror, entusiasmo. Não sendo suficiente saber fazer com seu sintoma, na aquisição do saber, o analista é este que vai saber fazer aí, neste ponto de horror de saber, de dejeto, pela via do entusiasmo que o arrebata.

É tomando a Psicanálise como causa que ele vai contribuir para o saber "sem o que não há chance da análise continuar sendo algo valioso" (Nota Italiana). Ele vai poder apontar para a presença do sujeito do inconsciente no mundo, tomando para si a tarefa de privilegiar a subjetividade.

O entusiasmo está para alguns, assim como está para além do final de análise.

O passe se impõe como confirmação. Fruto do entusiasmo, o AE se lança na teorização de questões cruciais vividas em seu percurso de análise. Busca confirmação na passagem ao público, numa estrutura semelhante a do chiste. Trata-se aí de confirmação e não de reconhecimento, já que esta seria da ordem de uma restauração narcísica.

Por isso podemos dizer que o saber, que está no discurso do analista no lugar da verdade é da ordem da invenção. Para além do gozo da aquisição do saber construído em análise, coloca-se para estes o exercício do gozo do saber em uma escola.

O analista é portanto aquele que é arrebatado na escuta de um certo "tom" do deus Dionísio. É aquele que, mesmo tendo passado por tudo o que é uma análise, ainda assim queira ocupar o lugar de **a** para outros.

REFERÊNCIAS BIBLIOGRÁFICAS

KAUFMANN, Pierre. **Dicionário Enciclopédico de Psicanálise**. Rio de Janeiro: Zahar, 2003, pág. 400.

LACAN, Jacques. Proposição de 09 de outubro de 1967 sobre o psicanalista da Escola. In: _______. **Outros Escritos**. Rio de Janeiro: Zahar, 2003.

_______. Ato de Fundação. In: _______. **Outros Escritos**. Rio de Janeiro: Zahar, 2003

_______. Nota Italiana. In: _______. **Outros Escritos**. Rio de Janeiro: Zahar, 2003.

Reflexões sobre o passe numa escola de psicanálise [1]

*Ruth Ferreira Bastos**

RESUMO: Este trabalho pretende discutir o que há de específico na experiência do Passe para que uma Escola de Psicanálise, no seu objetivo de transmissão, mostre interesse e privilegie o funcionamento do dispositivo. Propõe que no depoimento há a renovação do luto realizado na análise, renovação essencial para o reposicionamento do passante na comunidade analítica. Estabelece um paralelo entre os corpos insepultos e as produções de uma Escola que ficam no abandono, por não encontrarem os justos funerais: sua publicação.

PALAVRAS-CHAVE: Dispositivo do passe. Ritos funerais. Renovação do luto. Transmissão. Corpos insepultos. Publicação.

Uma Escola de Psicanálise existe para que os significantes de Freud e Lacan não caiam no esquecimento, nem sejam distorcidos. A herança que nos foi legada, em usufruto, não deve ser depreciada. Em seu retorno a Freud, Lacan indica o caminho a ser seguido, exigindo rigor e heresia na transmissão. Ele toma os significantes do pai, a eles se aliena, saboreia

---

1 Trabalho escrito para uma aula do seminário em 2006 e reescrito em 2008 para esta publicação.

* Psicanalista, Membro da Escola Lacaniana de Psicanálise de Vitória..

e se delicia no deciframento para seguir adiante. Propõe respostas aos questionamentos, recusa a posição de consumidor do texto freudiano e o ultrapassa, na produção do próprio texto.

Uma Escola é formada por aqueles que por terem vivido, em análise, a experiência do inconsciente, participam desta crença e insistem em trabalhar os elementos da teoria, iluminados pelo saber alcançado nas tentativas de leitura do enigma da constituição. Com isso, cada um abordará Freud e Lacan, a partir do seu traço, ou seja, dos disparates que surgem para abordá-lo e contribuem na reinvenção da psicanálise.

Este trabalho pretende perguntar e discutir se a experiência do Passe interessa para a Escola no seu objetivo de transmissão. Afinal, se é na análise que destacamos o traço, marca do flagelo na relação com o Outro, elemento essencial usado para bem dizer a teoria, que interesse haveria na montagem e nos efeitos de um dispositivo do Passe?

Sabemos que não há como viver o lugar do passador, do passante e do júri sem ser profundamente afetado por essa experiência. Sem sombra de dúvida aqueles que aí se vêem implicados, convocados ao trabalho de verificação do tornar-se analista, vivenciam algo da ordem da devastação. Então caberia perguntar: - O que pode animar alguém a vivenciar esta empreitada?

Ao júri cabe se deixar afetar pelo material transmitido de uma suposta passagem, para daí fazer ressoar a doutrina do que seria o "tornar-se analista". Aos passadores cabe se deixar tocar pela tela que vai delineando o percurso de uma transferência vivida alhures para que se verifique algum dizer sobre a passagem ao analista. Ao passante cabe pintar a paisagem do seu percurso, suas cores e seus relevos para, talvez, ver se destacar daí uma imagem que ainda não tinha: imagem do que foi o vivido de sua própria análise, imagem projetada para recolher os restos que sobressaem no desenho desta paisagem.

Na análise, os significantes constituintes do "si mesmo" se esgarçam e se esgotam, em infinitos questionamentos e na equivocação da crença que sustentava uma posição específica deste sujeito no mundo. Isso deixa margem e brecha para sermos possuídos pelo saber inconsciente, que faz das *marcas do flagelo*[2] na relação com o Outro, metaforizadas no sintoma, cartas a serem enviadas a outros, questões a serem discutidas, comunicadas, repensadas, num novo movimento pulsional, que inventa um novo gozo: gozo de fazer ressoar a teoria de uma prática, na Escola.

A experiência do passe, segundo os termos destacados aqui, é um trabalho onde o *gozo da aquisição de saber*, obtido no trabalho com os significantes na análise, é renovado através do trabalho com os significantes do depoimento, promovendo o *gozo do exercício de saber*[3] essencial para a transmissão numa Escola. Fica evidente que não apenas o passante, mas todos os que participam do processo parecem rememorar o aprendido na análise: o gosto de saborear o que se diz e de se surpreender com o que se ouve. Além disso, o trabalho realizado aí ensina sobre a proximidade entre o conceito de pulsão e transmissão da psicanálise. Se as pulsões ecoam num corpo tornado sensível por um dizer[4], do mesmo modo, trata-se na transmissão de bem dizer, pois é preciso chocar, tocar o outro com o que eu pude recolher do meu percurso, fazendo ecoar no outro um dito que teria sido meu, mas que nele ressoa familiar como se lhe fosse próprio. A meu ver a experiência do passe verifica esta possibilidade.

No entanto, se esta transmissão também pode ser obtida num seminário, deve haver algo ainda mais específico na visada do dispositivo.

Quando alguém comete a audácia de se valer do dispositivo, ofertado pela Escola, para fazer seu depoimento é porque acredita ter concluído o luto da imagem ofertada pelo Outro. A crença de poder prescindir dessa pele implica na possibilidade de falar desse lugar, de poder demarcá-lo enquanto puro lugar, deixando cair os fragmentos da imagem, os pedaços postos em desordem. O passe é uma verificação em torno da crença de desmontagem do enquadre aprisionante na relação com o Ou-

---

2 "Na prática erótica que evoca a flagelação, o gozar assume a própria equivalência entre o gesto que marca e o corpo, objeto de gozo. Gozo de quem? Será aquele que porta a marca? É seguro que isso queira dizer gozo do Outro? (...) É no traço unário que tem origem tudo o que nos interessa a nós analistas, como saber." In LACAN, J. Seminário 17 p.45.

3 "O saber é menos difícil de adquiri-lo, mais difícil de gozar dele. (...) O gozo do exercício do saber é o mesmo gozo de sua aquisição." In LACAN, J. Seminário20 p.130/131.

4 "(...) as pulsões são o eco no corpo pelo fato de que há um dizer, mas para que este dizer ressoe, é preciso que o corpo seja sensível à ele." In LACAN, J. Seminário O Sinthoma, aula de 18/11/1975.

tro, desmontagem que deixaria espaço para a função analítica se alojar. O passante propõe que a crença de ter passado ao lugar do analista não participe da certeza própria da paranóia, faz dela uma suposição *suspeitável* que exige verificação.

Se despir da imagem familiar, para mostrar estranhas indecências pode ser em algum momento, constrangedor para aquele que o acompanha, o passador. Mas este ultrapassamento do pudor não implica em violação, não é despudor que produz no outro o recalque. Ao contrário, toca, afeta o outro e interessa na possibilidade de bem-dizer[5]. Do lado do passante temos a audácia daquele que reconhece suas marcas e se deixa invadir pelo que lhe vem da tatuagem primeira, aquela que imprimiu sua posição de gozo. Do lado do passador a estranha surpresa de ver onde vão parar as experiências de dor vividas e a proximidade do horror com o saber.

A Renovação dos ritos funerais e o Passe

Uma indicação de Lacan determina uma pergunta e o meu caminho: seria a experiência do Passe a renovação dos ritos funerais, a renovação necessária do luto na comunidade culturalmente organizada? A verificação da passagem ao lugar do analista, no Passe, implicaria na rememoração e renovação do trabalho de luto exigido para um novo posicionamento do passante no mundo?

Ao abordar o luto, em Hamlet, diz Lacan: *"se não há nada de significante que possa suprir esse furo no real, se não há a totalidade do significante, o trabalho do luto se realiza no nível do logos, sendo o grupo e a comunidade culturalmente organizados o seu suporte"*. *"O trabalho do luto é a princípio*

[5] "Se o verdadeiro e o Belo não sustentam o corte, não vejo porque o Bem se sairia melhor. A única virtude que vejo sair dessa interrogação, se não há relação sexual como anuncio, é o pudor. Se o bem-dizer só é governado pelo pudor, isso choca, claro, isso choca, mas isso não viola o pudor." In: LACAN, J. Seminário 21, classe9, p.10.

uma satisfação dada a isto que se produz de desordem em razão da insuficiência dos elementos significantes para fazer face ao furo criado dentro da existência. É o sistema significante em seu conjunto que é colocado em causa pelo menor luto" [6]. Em seguida Lacan se refere aos ritos funerais chineses indicando uma via para esclarecer a função do luto. *"Essa civilização distante da nossa faz com que os relevos dessa função apareçam de maneira incontestável"* [7].

Para prosseguir com Lacan encontro, numa pesquisa, dados sobre os ritos funerais. Para a maioria dos chineses a vida familiar é central. A linhagem masculina de descendentes se estende de filhos para pais, sem limites no passado, e torna o homem chinês responsável por fazer prosseguir a família no futuro. Nos tempos arcaicos havia a forte convicção de que vivos e mortos eram interdependentes e precisavam de cuidados recíprocos. Os antepassados necessitavam de oferendas sacrificiais e os seus descendentes precisavam da proteção e da boa vontade dos antepassados para o seu bem-estar. A obediência filial era apoiada pelo estado imperial e a piedade filial era recompensada e reconhecida oficialmente para que se tornassem modelos a serem imitados.

Os funerais eram dispendiosos, espetaculares e barulhentos, em parte destinados a manifestar a posição social da família do morto. Os enlutados usavam tipos e cores de trajes que simbolizavam a sua relação com o morto e, o funeral era a **ocasião para redefinir essas relações**. Quem usasse o traje de filho enlutado estava a reclamar uma parte da propriedade.

No sul da China, **o funeral era feito duas vezes**, uma provisória e outra, definitiva. E como o local do túmulo permanente de um antepassado influía sobre a sorte das pessoas, os irmãos discutiam entre si o local a escolher. Oferendas à "placa da alma" eram feitas até a quarta geração. E, na primavera, a família fazia uma visita aos túmulos dos ancestrais **colocando em relevo o que o grupo familiar tinha em comum.**

---

6 LACAN, J. In: Hamlet, por Lacan, p.100, Assírio e Alvim, Lisboa,1989.

7 LACAN, J. In: Hamlet, por Lacan, p.100, Assírio e Alvim, Lisboa,1989.

Se o espírito de um antepassado fosse negligenciado poderia tornar-se um "fantasma irado" e voltar para perseguir os vivos.

Destaco desta pesquisa, a função do luto que, segundo Lacan, os ritos funerais chineses revelam de maneira incontestável. Diante da insuficiência de elementos significantes para simbolizar a perda e o furo criado na existência, algumas civilizações propõem a renovação dos ritos e com isso a renovação do trabalho de luto como condição necessária para a redefinição das posições dos familiares em relação ao morto. Esta argumentação me permite propor que o trabalho "provisório" da análise seria renovado no depoimento do passe, onde os restos de um luto encontrariam um túmulo "permanente". Este trabalho teria importância para redefinir, no grupo analítico, a posição do passante e, as articulações teóricas, oferendas a que se propõe a comunidade analítica privilegiariam o que a Escola tem em comum com o referido luto: a pergunta que exige suposições, sempre *suspeitáveis* sobre o tornar-se analista.

Outro apontamento de Lacan, em seu comentário de Antígona, me levou a estabelecer um paralelo entre o túmulo, o nome na lápide, e a experiência do Passe como a possibilidade de inscrever um nome na comunidade analítica, nome de analista que verificou a possibilidade de *saber fazer com o saber* na transmissão da psicanálise.

Devo destacar aqui a importância da publicação da Escola, ao lado do trabalho em torno de um depoimento, na função conjunta de dar justos funerais aos restos insepultos de um suposto passante.

CORPOS INSEPULTOS OU JUSTOS FUNERAIS? UMA REFLEXÃO SOBRE A PUBLICAÇÃO DA ESCOLA.

O diálogo entre Antígona e sua irmã, Ismene, abre o terceiro tempo da trilogia tebana de Sófocles. Seus dois irmãos morreram em combate e Creonte promete honra e sepultura a um, negando-as ao outro. *"(...) mandou proporcionarem justos funerais a Etéocles com a intenção de assegurar-lhe no além-túmulo a reverência da legião dos mortos; e proclamou a todos os tebanos a interdição de sepultarem ou sequer chorarem o desventu-*

rado Polinices." [8]*(...) "Fique insepulto o seu cadáver e o devorem cães e aves carniceiras em nojenta cena"*[9].

A ameaça de ser apedrejada até à morte ou enterrada viva não pára Antígona, que não deixará o irmão sem sepultura. Por quê?

Os gregos acreditavam que o morto precisava de uma sepultura; para a alma se fixar na morada subterrânea, o corpo a ela ligado devia ser coberto de terra. Junto com o morto eram enterrados objetos, vestimentas e tudo de que se julgava que eles tivessem necessidade. "*Derramava-se vinho para mitigar a sede e deixavam-lhe alimentos para apaziguá-lo na fome.*" Aquele que ficasse insepulto ou a quem não fossem dispensados os ritos fúnebres seria uma alma errante que atormentaria os vivos, trazendo doenças e devastando as terras cultivadas. A privação da sepultura era um castigo terrível: impunha um suplício eterno. *Entre os mortos não havia distinção de pessoa, nem diferença entre o virtuoso e o que foi mau. Todos deviam ser contados no número dos deuses e se tornavam deuses subterrâneos.* [10]

Para além do que Polinices pudesse ter feito de bem ou de mal, Antígona cumpre o dever de irmã. Segundo as leis não escritas, a lei dos deuses, não poderia deixar sem sepultura o irmão nascido da mesma matriz. Por isso ela se opõe aos editos de Creonte. "*... e não me parece que tuas determinações (de Creonte) tivessem força para impor aos mortais até a obrigação de transgredir normas divinas, não escritas, inevitáveis; não é de hoje, não é de ontem, é desde os tempos mais remotos que elas vigem, sem que ninguém possa dizer quando surgiram*"[11].

Diz Lacan: "*o fato de que foi o homem quem inventou a sepultura é discretamente evocado, de passagem. Não se trata de acabar com quem é homem, como se faz com um cão. Não se pode acabar com seus restos esquecendo que o registro do ser daquele que pode ser situado por um nome deve ser preservado pelo ato dos funerais*"[12].

---

[8] SÓFOCLES In Antígona, p.202, Jorge Zahar ed., 2002.
[9] SÓFOCLES In Antígona, p.209, Jorge Zahar ed., 2002.
[10] COULANGES, F. In A Cidade Antiga, Martins Fontes ed. 1998.
[11] SÓFOCLES In Antígona, p.219, Jorge Zahar ed., 2002.
[12] LACAN,J. In Seminário da Ética, p. 337/338. Jorge Zahar ed., 1988.

Para me aproximar deste tema lanço mão do livro "A Solidão dos Moribundos" de Norbert Elias. Nele encontro uma pesquisa importante sobre como o ser humano vai se afastando do contato com os mortos, a tal ponto que hoje o tratamento dos cadáveres e o cuidado com as sepulturas deixaram de ser um trabalho das famílias e passaram para as mãos de especialistas remunerados.

Na idade média quando, na verdade, nada na vida era privado, mesmo as crianças presenciavam a morte dos familiares e conviviam com os moribundos. Além disso, a expectativa de vida da população era muito menor do que nos nossos dias: um homem de quarenta anos era um velho, hoje ele é quase jovem. A morte parece ter sido adiada. O espetáculo da morte não é tão corriqueiro como nos tempos da peste negra. Ficou mais fácil esquecer a morte no curso normal da vida. [13]

Se não temos a experiência da própria morte sabemos o quanto é intolerável a morte de um outro que amamos. A ameaça e o horror da desaparição de alguém ou de uma imagem que nos é cara provocam o afastamento dos vivos em relação aos moribundos. Os diferentes ritos em torno dos funerais e dos túmulos "*remetem à idéia de que deve haver silêncio para não perturbar a paz dos mortos. Tudo isso são formas de distanciar os vivos dos mortos, meios de manter à distância uma sensação de ameaça*". [14]

Seria o depoimento a possibilidade de romper o silêncio que poderia rondar o passante e distanciá-lo, com reverência, para mantê-lo fora de uma zona de ameaça?

Levada ainda por Norbert Elias, em "A Solidão dos Moribundos", encontro uma importante discussão sobre o registro do nome na lápide, que informa e situa, para outros, sobre uma existência que já se extinguiu.

"*Os mortos só existem na memória dos vivos, presentes e futuros. É especialmente para as desconhecidas gerações futuras que aqueles que estão agora vivos se voltam com tudo que é significativo em suas realizações e criações. O medo de morrer é sem dúvida um medo de perda e destruição daquilo que os próprios moribundos consideram significativo. Mas só o tribunal daqueles*

[13] ELIAS, N. In: A Solidão dos Moribundos, p.15. Jorge Zahar ed., 2001.
[14] ELIAS, N. In: A Solidão dos Moribundos, p.40. Jorge Zahar ed., 2001.

que ainda não nasceram pode decidir se o que parece significativo para as gerações anteriores será também significativo, para além de suas vidas, para as outras pessoas. Mesmo as lápides, em sua simplicidade, dirigem-se a esse tribunal - talvez um passante venha a ler na pedra, julgada imperecível, que ali estão enterrados tais pais, tais avós, tais filhos. O que está escrito na pedra é uma mensagem muda dos mortos para quem quer que esteja vivo- um símbolo de um sentimento talvez ainda não articulado de que a única maneira pela qual uma pessoa morta vive é na memória dos vivos. Quando a cadeia de recordação é rompida, quando a continuidade de uma sociedade particular ou da própria sociedade humana termina, então o sentido de tudo o que seu povo fez durante milênios e de tudo o que era significativo para ele também se extingue." [15]

Quero propor um paralelo entre os corpos insepultos e as produções de uma Escola que ficam no abandono, por não encontrarem justos funerais: sua publicação. Os ritos fúnebres fazem desaparecer os restos daquele que morreu, mas situam, por um nome na lápide, este que esse foi. Do mesmo modo, a *poubellication*[16] cumpre a função de recolher os objetos consumidos, os dejetos, restos decaídos de elaborações, leitura e equivocação do texto escrito no processo de análise. A publicação faz desaparecer os restos de uma imagem perdida, deixando em seu lugar o escrito.

O lixo, dejeto destinado a esta lixeira é algo que um dia foi precioso, objeto de valor e brilho numa cena de satisfação, que já não serve para nada. Desse objeto que cai surge uma outra satisfação: a construção de um texto e uma possível transmissão. Se o escrito é endereçado a outros, ele se desprende daquele que o escreveu e poderá ser tomado e reciclado pelo outro. Outros podem valorizá-lo ou depreciá-lo, podem se apoderar dele, podem ultrapassá-lo; e tudo isso denota uma autoria, mas não uma posse, ao contrário uma despossessão.

Os antigos nos ensinam sobre o perigo de deixar os restos insepultos. Eles podem se tornar um "fantasma irado" que volta para perseguir

---

[15] ELIAS, N. In Solidão dos Moribundos, p.41, Jorge Zahar ed., 2001.

[16] Termo cunhado por Lacan que reúne publicação e lixeira.

os vivos. E a Escola de psicanálise propõe a publicação como sepultura e lápide. Com isso, mantêm os analistas no método da reescrita, familiar ao processo de análise. Cortar, pontuar, insistir em dizer melhor refere-se agora à escrita. Ela precisa ser endereçada a outros. Como fazer chegar o que queremos dizer?

Um romance bem escrito nos leva noite adentro, nos faz esquecer que no outro dia vai ser difícil levantar. Às vezes não conseguimos nos separar do enredo ou de algum personagem e nos sentimos órfãos quando o livro termina. Nem sempre é assim. Um texto mal elaborado é cansativo, não atrai o leitor, facilmente é deixado de lado e mesmo que uma boa idéia esteja ali lançada, dificilmente vai ressoar no outro, ficando impedida sua transmissão.

Por isso o trabalho visando a reescrita é exigido. E aqueles que na análise provaram e aprovaram o sabor da leitura e da escrita, se lançam na possibilidade de inscrever o seu traço, em outra parte: na transmissão da psicanálise e na publicação.

A experiência do passe e a publicação da Escola seriam a oportunidade para o passante de dar justos funerais aos próprios restos, escrevendo com eles um nome na lápide. Na renovação do luto das imagens perdidas, ele recolheria o material disponível para produzir os disparates[17] essenciais à reinvenção da psicanálise, iniciada na invenção do masoquismo em análise.

Talvez a experiência do passe permita retomar a proximidade com os moribundos que se perdeu ao longo dos tempos. Para isto é preciso abandonar certos valores da vida privada e revelar, fora da análise, os monstros que nos habitam e o diabólico do mau olhado que nos mortificou. O ultrapassamento do pudor, ao falar do mais íntimo do gozo, causa horror[18], mas parece introduzir um grau maior de despossessão da cena fascinante do flagelo de um olhar. A insistência em dizer ali onde a

---

17 "O saber, isso tem o ar de descobrir, de revelar. Aimée ela sabia, ela inventava, ela dizia disparates. Foi assim que a suspeita me veio de que o saber se inventa." In: LACAN, J. Seminário21, classe 8, p.3.

18 "Não há o menor desejo de saber. Não há o menor desejo de inventar o saber. Não é o desejo que preside o saber, é o horror." In LACAN, J. Seminário 21, classe11.

visada deixou de ser a dor, promove, ao lado da prática do seminário, o gozo do exercício do saber e a satisfação, sempre renovada, em bem-dizer o traço na transmissão.

Referências Bibliográficas

COULANGES, F. **A cidade antiga**. São Paulo:Martins Fontes, 1998.

ELIAS, N. **Solidão dos moribundos**. Rio de Janeiro: Jorge Zahar, 2001.

ELVIN, M. e BLUNDEN, C. **Grandes Impérios e Civilizações: China**. Lisboa. 2 v.

LACAN, Jacques. **Hamlet por Lacan**. Lisboa: Assírio e Alvim. 1989.

________. **O seminário**: livro 17: O avesso da psicanálise. Rio de Janeiro: Jorge Zahar, 1992

________. **O seminário**: livro 2: Os não-tolos erram. Publicação interna da Escola Lacaniana. Rio de Janeiro.

________. **O seminário**: livro 23: O sinthoma. Publicação interna da Escola Lacaniana. Rio de Janeiro.

SÓFOCLES. **Antígona**. Rio de Janeiro: Jorge Zahar, 2002.

O QUE SE ESPERA DE UM ANALISTA[1]

*Cristina Maria Chequer Soares Gomes**

RESUMO: O texto trata de a formação do analista, articulada a lógica dos discursos. A experiência analítica é uma experiência de discurso, ele é um artifício mínimo do qual participam os elementos que constituem o campo da linguagem; ele ordena o modo de utilização deste campo. A partir dos discursos podemos estabelecer a lógica que sustenta uma Escola de Psicanálise: a permuta. Diria até que ela é o principio de uma Escola.

PALAVRAS-CHAVE: Os discursos. Escola. Os Lugares numa Escola. O lugar do analista. Os lugares nos discursos.

A formação do analista é efeito do que se produz como formações do inconsciente. Existe uma relação de dependência, não há uma sem a outra. O material desta formação é colhido do inconsciente, diferentemente do que ocorre com a graduação universitária, por exemplo, quando se tem a garantia prévia de uma profissionalização, desde que cumpridos os requisitos formais da academia.

---

1 Colóquio sobre as formações do analista. Escola Lacaniana de Psicanálise de Vitória. Novembro 2007.

* Psicanalista. Membro da Escola Lacaniana de Psicanálise de Vitória.

Os requisitos de que falamos a respeito da formação do analista – análise pessoal, supervisão, estudo teórico – são requisitos necessários, mas não suficientes. Não há uma garantia antecipada com o cumprimento do necessário. Do analista se espera algo mais. Mas, o que se espera de um analista?

Uma Escola garante que um analista dependa de sua formação. No entanto, o seu motor é, pela lógica, produzido em outro lugar, na análise. A Escola é o lugar onde serão colhidos os efeitos do saber produzido. E com este saber, o analista faz o seu ato. A própria Escola não tem garantida a sua emergência –, pelo simples fato de que se cumpram requisitos institucionais. Ela é um fato contingencial. Pode ou não surgir, assim como o analista.

O que sustenta a possibilidade contingencial de uma Escola? A Escola é presença efetiva do discurso analítico. A experiência analítica é uma experiência de discurso. O que está em jogo no discurso? Ele é uma estrutura que ultrapassa em muito a palavra. Lacan diz, inclusive, que é "um discurso sem palavras" – sem palavras, mas articulado com o campo da linguagem. O discurso é um embrião, é um artifício mínimo do qual participam os principais elementos que constituem o campo da linguagem: significante, objeto e sujeito. Ele não é a fala corrente. Ele é um movimento que ordena o modo de utilização deste campo. É como as partituras. Há uma ordem, a qual é necessário seguir para emissão de uma música. Ele localiza de que lugar pode cantar o sujeito.

Na obra de Lacan, os discursos são fundamentados pela Lingüística e pela Matemática. Nesta, o discurso é referenciado pelo conceito de grupo, especialmente o grupo de Klein. Este conceito, de forma bem superficial, é um conjunto de símbolos, no qual dois elementos jogam entre si para formar um terceiro. Coloca-se em jogo a função de transformação que gera uma nova estrutura ou grupo.

Sabemos que os discursos se apresentam com quatro lugares fixos, quatro elementos que são os mesmos. Mas os elementos alternam-se em relação aos lugares. É necessário um ponto de partida, um discurso. Esta alternância ocorre por meio de um quarto de volta e cada nova volta produz um novo discurso – quatro elementos, quatro lugares e quatro discursos.

Os lugares são: $\dfrac{\text{agente}}{\text{verdade}} \rightarrow \dfrac{\text{outro}}{\text{produção}}$

Os elementos: S_1 Significante mestre

S_2 Saber

$\$$ Sujeito barrado

a Objeto *a*

Os discursos:

do Mestre: $\dfrac{S_1}{\$} \rightarrow \dfrac{S_2}{a}$

da Histérica: $\dfrac{\$}{a} \rightarrow \dfrac{S_1}{S_2}$

do Analista: $\dfrac{a}{S_2} \rightarrow \dfrac{\$}{S_1}$

Universitáro: $\dfrac{S_2}{S_1} \rightarrow \dfrac{a}{\$}$

A escrita algébrica dos discursos implica que aquilo que está em jogo se combinará segundo leis internas. A partir de um discurso, podem ser obtidos os outros três, mediante a função "um quarto de volta". A mudança discursiva produz um novo ordenamento lógico, tendo como conseqüência um novo lugar subjetivo. Os lugares tem importância decisiva nesta estrutura; modificam o valor de cada elemento que os ocupa. Por exemplo, o objeto *a* como agente do discurso tem valor diferente quando ocupa o lugar da produção.

Por que articular Escola com os discursos?

Eles nos servem para localizar de que "lugar" fala o sujeito, quem é o agente, o outro, a produção e a verdade. Podemos articular os discursos nos tempos de constituição subjetiva, que comparecem na clínica, e também numa Escola de Psicanálise. O uso por Lacan da escrita matemática, dos seus "esquemas" ao nó borromiano, visa a preservar aquilo que é a lógica da estrutura. Quando escrevemos $\$$ não se trata do indivíduo e de suas histórias; trata-se do que causa esse sujeito. Quando Lacan utiliza a letra, que na Matemática se chama símbolo, é justamente para tirar o sentido antecipado. A letra localiza, mas não diz o que é.

Essa referenciação que fazemos entre Psicanálise e Matemática ocorre em função de pontos de convergência entre esses dois campos. Lendo sobre a história da Matemática, podemos notar que a sua essência é o enigma e o desafio – os matemáticos adoram um desafio. Eles adoram problemas não resolvidos. Apesar de a Matemática ter suas aplicações na ciência e na tecnologia, não é isso que os impulsiona. Eles são atraídos pela alegria da descoberta e pela constante produção de enigmas. Decifrar enigmas é uma construção. Através da lógica, eles introduzem o que se chama de prova. Produzir e provar os teoremas cabe aos jovens. "É relatado que jovens que nunca tinham recebido nenhum tipo de educação formal foram capazes de formar teoremas e soluções que escapavam completamente ao constituído da academia. A Matemática, mais do que qualquer outra ciência ou arte, é um jogo para jovens".[2]

Isto nos lembra o que disse Lacan: o analista é sempre o novo surgido na experiência. O novo aqui não se refere à idade, como para os matemáticos, mas ao surgimento do analista, que produz uma novidade no anteriormente estabelecido – ele re-vira o sentido prévio. O surgimento do analista gera sempre uma quebra, um corte, um rompimento. É a essência de uma mudança por vir.

A Matemática também referencia a escrita do que chamamos na Psicanálise do objeto a. Este objeto, na estrutura, é o que poderíamos dizer uma verdade irrefutável. Se há uma subjetividade representada pelas articulações significantes, há uma objetividade que se refere ao objeto – é aquilo que é. Ele produz um corte na cadeia significante – um "basta!" Se a subjetividade leva ao infinito, o objeto a limita. A escrita deste objeto estabelece um campo que nos permite uma localização estrutural. Importante registrar que, apesar de localizar, não diz o que é. Isso é a essência do que pode ser transmitido de uma psicanálise. É neste lugar estrutural que o analista se faz função de *semblant*.

---

2 SIMON, Singh, O último teorema de Fermat

Na Matemática, a Psicanálise foi buscar ainda elementos para estabelecer a lógica que rege uma Escola, dentre eles a permuta. Diria até que ela é o princípio de uma Escola. Esta lógica só se produz pela circulação dos discursos. Mas esta circulação só ocorre no surgimento do discurso analítico. Ele permite girar porque é corte, fazendo surgir um novo arranjo. É a isso que visa o discurso analítico, por isso um discurso fugaz.

A permuta é a lógica que sustenta os pilares da Escola – Cartel e Passe. Os discursos têm uma importância fundamental para a Psicanálise porque estabelecem lugares. Numa Escola de Psicanálise, qual é a importância dos lugares? Qual a diferença do Cartel, do Passe, da análise, do seminário, da supervisão, ou seja, dos lugares de garantia? Faz diferença falar num lugar ou em outro? Parece que, a quem se dirige, pode mudar os efeitos da fala. O lugar vai determinar o saber no discurso. O que seria o saber no lugar da verdade e o que seria o saber no lugar do agente?

O "agente" é aquele que "se faz agir", ele inicia o ordenamento discursivo. É o lugar dominante, ele dá o nome ao discurso. Podemos dizer que o discurso do analista é o discurso do objeto a. Ele vai "se fazer função" – pôr em funcionamento uma estrutura. Ele se oferece como ponto de mira para esta operação que é a Psicanálise. Ele diz: "vamos lá, diga tudo que vier à cabeça, por mais dividido que lhe pareça, isso pode funcionar pode produzir algo que lhe seja válido"[3].

Para impulsionar o ato analítico, o analista se oferece como *semblant* de a, ou seja, "se fazer" de a, assim como as brincadeiras das crianças que se fazem de pai, de médico, etc. É no lugar do objeto a, como *semblant* desta função, que o analista é esperado. Ele ocupa este lugar suportado pelo seu saber localizado como verdade. Este lugar não é cômodo nem de freqüentar, nem de sofrer os seus efeitos. Ele vai na contramão da comodidade e do estabelecido, permitindo localizar as relações do discurso com o gozo.

Este discurso toca nisso sem cessar, mantendo-se tão próximo quanto possível do que se refere ao gozo. A investigação analítica busca saber como aparece esta função que transpõe ou transcende a função fálica.

---

3 LACAN, Jacques, Seminário 17 "O Avesso da Psicanálise"

Esta função, que se chama mais de gozar, surge de uma referência a um ponto primitivo da relação ao Outro, em que uma renúncia se efetuou, permitindo acesso ao campo do discurso. É neste lugar estrutural, de uma recusa, que o analista se oferece para dar outro destino ao real.

O saber, que carece de sujeito, em posição de verdade, motiva o analista, encarnado por *semblant* de a, a intervir no sujeito dividido e desembocar na produção de um novo significante – "não faço você dizer o S_1, é você quem diz".

REFERÊNCIAS BIBLIOGRÁFICAS

LACAN, J. **O Seminário**: Livro 17: o avesso da psicanálise. Rio de Janeiro: Jorge Zahar, 1992.

SINGH, Simon. **O último teorema de Fermat**. Rio de Janeiro: Record, 1998.

CARTEL E TRANSMISSÃO DA PSICANÁLISE[1]

*Vanda Valle de Figueiredo**

RESUMO: Este trabalho teve como objetivo discutir a importância de se trazer a público os produtos dos cartéis numa escola de Psicanálise. Considerando com Lacan que o que se pode transmitir em Psicanálise é um estilo, são feitas algumas reflexões sobre os possíveis efeitos de transmissão numa escola, a partir das apresentações realizadas pelos cartelizantes, bem como das elaborações dos escritos produzidos por cada um.

PALAVRAS-CHAVE: Cartel, Escola. Transferência de trabalho. Transmissão da Psicanálise.

POR QUE O CARTEL PARA ESTUDAR PSICANÁLISE?

Quando alguém procura uma escola de Psicanálise buscando uma formação, é possível que, em algum momento, essa pessoa se pergunte por que o cartel foi proposto por Lacan (1964)[2] como lugar onde se deve realizar o trabalho de base da escola. Os motivos pelos quais Lacan cria o

---

1 Colóquio sobre as formações do analista. Escola Lacaniana de Psicanálise de Vitória. Novembro 2007.

* Psicanalista, Membro da Escola Lacaniana de Psicanálise de Vitória-ES.

2 LACAN, J. Ato de fundação (1964) In *Outros Escritos.* Rio de Janeiro: Zahar, 2003

dispositivo do cartel se relacionam àquilo que caracteriza a própria transmissão da Psicanálise.

Do mesmo modo que uma escola de analistas se estrutura ao redor de um vazio – a ausência de um conceito previamente definido do que seja o psicanalista – o cartel se organiza em torno da falta de um saber pronto e acabado em Psicanálise. Isso vai permitir que cada um produza sua elaboração sobre um determinado tema, elaboração essa de um saber sempre não-todo.

A cada dissolução de cartel e, conseqüentemente, a cada permuta dos cartelizantes, as questões que restam, depois de finalizado ou não um trabalho, podem ser relançadas, por meio de outras indagações, para a constituição de um novo cartel.

Desde o momento de fundação da Escola Freudiana de Paris, Lacan anuncia que a condição de pertinência à mesma far-se-á por meio do trabalho nesses pequenos grupos. Das formulações propostas para o dispositivo do cartel - uma em 1964 e outra em 1980 - destaco dois pontos. O primeiro se relaciona com o que Lacan chamou de *repercussão*, ou seja, a idéia de se trazer a céu aberto tudo o que for produzido de valor como resultado do trabalho.

> "Os que vierem para esta escola se comprometerão em cumprir uma tarefa sujeita a um controle interno e externo. É-lhes assegurado, em troca, que nada será poupado para que tudo o que eles fizerem de válido tenha a repercussão que merecer, e no lugar que convier." (p. 235)

O segundo ponto diz respeito a um elemento que aparece na formulação de 1980. "*Em primeiro lugar – quatro se escolhem para prosseguirem um trabalho que deve ter seu produto. Dou a precisão: produto próprio a cada um e não coletivo*"[3].

A partir dessas citações, privilegiando os significantes *repercussão* e *produto próprio a cada um*, formulo a questão que desejo discutir neste trabalho: me pergunto qual a importância de se trazer a público, numa

---

[3] LACAN, J. D'Ecolage, 11 de março de 1980

escola de Psicanálise, os produtos de um cartel e, especificamente, no que se refere aos seus possíveis efeitos de transmissão?

O QUE SE TRANSMITE EM PSICANÁLISE?

Comecemos pela noção de transmissão. Ainda no Ato de fundação[4], Lacan afirma que *"O ensino da Psicanálise só se pode transmitir de um sujeito para outro pelas vias de uma transferência de trabalho"* (p.242). O que se encontra na base dessa transferência de trabalho é o desejo de saber dos cartelizantes. Mas o que marca esse desejo é exatamente a impossibilidade de se chegar à produção de um saber absoluto, de se elaborar um saber pronto e acabado sobre a falta. É um desejo de saber sobre um não-saber, onde o sujeito estará ali situado entre o saber e a verdade.

Para que os participantes do cartel passem ao trabalho é fundamental que vigore a função mais-um, função essa responsável pela minimização dos efeitos imaginários entre seus membros e por uma não-resposta às demandas pedagógicas. A transferência de trabalho pode instalar-se na medida em que as questões formuladas são reenviadas a cada cartelizante para que ele próprio trabalhe, a partir das falhas no saber do Outro.

Portanto, a transmissão da Psicanálise não pode ser pensada do mesmo modo que o ensino tal como é praticado na universidade, por exemplo. Porque nesta o saber que se produz é sempre no sentido de abolir as falhas na ciência, resultando daí nenhuma possibilidade de reconhecimento de um sujeito nessa produção.

Diferente do que acontece numa escola de Psicanálise, onde o que se transmite está relacionado à dimensão do Real. Isto significa dizer que uma transmissão se faz pelos efeitos de corte do inconsciente que comparecem tanto na experiência de uma análise pessoal quanto na clínica de cada psicanalista. Não há um manual de técnicas que ensine o que fazer como há no campo das psicoterapias em geral.

---

4 LACAN, J. Ato de fundação (1964) In *Outros Escritos*. Rio de Janeiro: Zahar, 2003

Em psicanálise, não se trata de ensinar uma teoria a ser aplicada. Ao contrário, é a partir da clínica de cada analista que se pode produzir alguma teorização. Quanto ao que caracterizaria um ensino, penso que é fundamental lembrar do que Lacan (1957)[5] nos diz sobre aquilo se pode transmitir nesse campo: um estilo. O que seria esse estilo?

Na *Abertura*[6] (1966) de seus escritos Lacan escreve que o estilo se relaciona ao objeto pequeno *a* e que corresponde, mais precisamente, à queda desse objeto. Como conseqüência, o que se pode produzir a partir dessa queda senão algo que diz respeito, justamente, à causa do desejo?

TRANSMISSÃO E O TRABALHO EM CARTEL

Ainda no Prefácio[7] aos Escritos, Lacan discute a questão do endereçamento dos seus escritos. Primeiro nos recorda o princípio por ele proposto de que, no campo da linguagem, "*...nossa mensagem nos vem do Outro...de forma invertida...*"(p.09). Menciona, em seguida, a figura topológica da banda de Moebius, com o intuito de ilustrar que a estrutura do sujeito se define por um nó onde um trajeto se fecha por seu redobramento invertido - nessa figura, sujeito e objeto se encontram em relação, ainda que eles em nada se penetrem. Com a referência a esses elementos de seu ensino, acredito ser sua intenção demonstrar que não é possível trazer a questão do endereçamento de um trabalho sem considerar a dimensão do que está na origem mesma da Psicanálise: o inconsciente, o registro do Real, o sujeito dividido e o objeto pequeno *a* que, de sua queda, faz surgir o desejo.

Retomando o tema dos cartéis, em que medida podemos pensar sua função de transmissão na Escola? Aqui talvez possamos introduzir a importância das apresentações, realizadas de tempos em tempos, daquilo que normalmente chamamos de *produção* de um cartel.

---

5 LACAN, J. A psicanálise e seu ensino In *Escritos*. Rio de Janeiro: Zahar. 1998

6 LACAN, J. Abertura desta coletânea In *Escritos*. Rio de Janeiro: Zahar. 1998

7 Idem, ibid.

Em minha breve experiência como integrante de uma Secretaria de Cartéis, observei que as apresentações podem ser fruto de diferentes situações e motivos. Uma apresentação de cartel pode ocorrer por uma solicitação do mesmo ou por uma convocação da Escola. Por exemplo: um cartel pode solicitar uma apresentação ainda nos primeiros meses de seu funcionamento, a fim de dialetizar com a escola sobre as questões que fundamentam o início do processo do trabalho definido em seu projeto; um cartel pode ser convocado pela Escola para realizar uma apresentação, independentemente do tempo de seu funcionamento, se o tema trabalhado pelo cartel interessa à escola particularmente em um determinado momento; um cartel pode solicitar uma apresentação dos resultados do trabalho realizado ao aproximar-se o prazo de aproximadamente dois anos de constituição; um cartel pode ser convocado pela Escola a apresentar os resultados de seu trabalho quando se aproxima o prazo de cerca de dois anos de funcionamento; um ou mais cartéis podem ser convocados para contribuir com a temática definida para o ano ou com os eventos a serem realizados de acordo com a programação da escola.

Para além do que há na origem de uma solicitação ou convocação dos cartéis que se apresentam, importa discutir de que modo se podem produzir efeitos de transmissão no interior dos mesmos e na própria escola. Como os trabalhos expostos ou as questões trazidas pelos cartelizantes nas apresentações podem veicular isso que Lacan denominou como um estilo e que remete ao objeto *a*?

As apresentações ou a produção dos escritos que porventura ocorram serão *resultado* de um funcionamento de cartel, de um trabalho que, para se efetivar, começou com uma indagação.

Acredito que, desde a constituição de um cartel, o problema da transmissão se encontra colocado, pois é em torno de uma ou mais perguntas explicitadas num projeto de trabalho que um cartel se inscreve numa Escola. A tentativa de responder a essas questões impõe ao sujeito a tarefa de produzir um saber sobre algo que, além de não se saber, somente pode ser dito de maneira não-toda.

A produção levada a público será *conseqüência* da realização de um percurso. Tenderá a ser a demonstração de que um caminho foi trilhado, exigindo um tempo e uma elaboração sobre um não-saber, que teve como suporte uma transferência de trabalho.

Esse caminho, como percorrê-lo sem uma articulação com o que se passa numa análise pessoal, isto é, sem se deparar com o Real, com a função de perda produzida pela queda do *a*, sem precisar buscar significantes para fazer uma borda dessa experiência e sem se ver enredado no ponto que verdadeiramente toca o ser em cada um? Penso que dessa maneira torna-se possível verificar os efeitos de transmissão do lado daqueles que trazem, a céu aberto, os resultados de um trabalho em cartel.

O produto de um cartel, por sua vez, representa o registro, a marca da experiência, vivida um a um, de um encontro faltoso que exigiu uma simbolização. Eis o seu valor como elemento de transmissão.

Quando utilizo os significantes *produção* ou *produto* obviamente não me refiro a qualquer tipo de texto ou de apresentação oral. Lacan é muito claro ao afirmar que tipo de trabalho alcançará, sem que nada seja poupado, a repercussão que merecer. Ele diz: "tudo que fizerem de valor"[8](p.235). Creio que Lacan aqui não se reportava àqueles trabalhos onde o autor não se encontra indiscutivelmente implicado.

O PRODUTO PRÓPRIO A CADA UM

Retomando a expressão "*produto próprio a cada um*", utilizada por Lacan para enfatizar que não se trata de chegar a um produto coletivo num cartel. Se o produto deve ser individual, é importante mencionar a oposição entre "efeitos de grupo" e "efeitos de discurso".

Os efeitos de grupo são aqueles que precisam ser minimizados, uma vez que são inevitáveis. Refiro-me aos laços imaginários que se fazem presentes, mas que, quando vigora a função mais-um, não são capazes de eclipsar os efeitos de discurso. Estes últimos se relacionam à perda que um laço social requer e inclui. E o discurso do analista seria aquele que,

[8] LACAN, J. Ato de fundação (1964) In *Outros Escritos*. Rio de Janeiro: Zahar, 2003

para Lacan, pode fundar um laço social livre da necessidade de grupo. Os efeitos de discurso é que poderiam dar origem a um escrito.

Sabemos que nem sempre a contribuição de um cartel à escola resulta num escrito. Penso, entretanto, que isso faz diferença quando se trata da elaboração do produto final de um cartel. O que pode significar para um sujeito produzir um escrito? Que função a escrita pode desempenhar ai?

A escrita, como efeito de discurso, vem fazer borda ao real impossível de se escrever- e que não cessa de não se escrever. E, do escrito, é possível se destacar a letra, o traço que cinge o objeto.

Lacan, no Seminário 20[9], nos diz que "tudo o que é escrito parte do fato de que será para sempre impossível escrever como tal a relação sexual". Isso nos leva a pensar que é porque não há relação sexual que há a possibilidade do escrito, onde interessa o que se presentifica como enunciação do sujeito. Caminho, aliás, por meio do qual se pode pensar a formação de um analista.

Referências Bibliográficas

LACAN, Jacques. **O seminário**: livro 20: mais ainda. Rio de Janeiro: Zahar, 1982

_______. A psicanálise e seu ensino. In: _______. **Escritos**. Rio de Janeiro: Zahar, 1998

_______. Abertura desta coletânea. In: _______. **Escritos**. Rio de Janeiro: Zahar. 1998

_______. Ato de fundação. In: _______. **Outros Escritos**. Rio de Janeiro: Zahar, 2003

---

9 LACAN, J. O Seminário, Livro 20, Mais Ainda. Rio de Janeiro: Zahar, 1982

O CARTEL E OS QUATRO DISCURSOS DO SUJEITO[1]

*Raquel de Matos Lopes Gentilli**

RESUMO: O cartel, como unidade básica e fundamental da transmissão da Psicanálise, permite a encenação dos saberes e a confrontação dos sintomas de cada um. Faz circular os discursos que produzem a transmissão dos significantes e das palavras estruturais de cada sujeito. Transmite conteúdos já produzidos e faz emergir novos saberes. O cartel em ação é o próprio movimento dos discursos que circulam e fazem criar a borda que possibilita a aprendizagem do real, a partir da função "*quarto de volta*", que faz mudar de lugar o **objeto a**.

PALAVRAS CHAVE: Cartel. Os quatro discursos. Produção de saber.

INTRODUÇÃO

Lugar de produção de saber e de confronto com os sintomas de cada um, o cartel possibilita um encontro no qual pode se inscrever

1 Colóquio sobre as formações do analista. Escola Lacaniana de Psicanálise de Vitória. Novembro 2007.

* Assistente Social, Mestre em Ciências Sociais, Doutora em Serviço Social, Membro da Escola Lacaniana de Psicanálise de Vitória.

uma falta, a partir da qual o psicanalista não mais espera por um olhar, por um saber dado que o autorize mas, por meio deste pode tornar-se uma voz a ser ouvida.

Nesse sentido, cartel – a princípio – pode repetir em seu funcionamento os quatro discursos que habitam a estruturação do sujeito. Parecendo ser uma estrutura desconexa, o cartel é flexível o suficiente para nela tornar possível a circulação daquilo "*que vem a ser concebido como estatuto do enunciado*"[2]; ou seja, trata-se de um saber produzido a partir do gozo que expressa os significantes a serem transmitidos. Para tanto Lacan faz recurso ao uso dos matemas "*como tentativa de transmitir o real da estrutura que o discurso suporta*". Na tentativa de ensinar "*um saber que não se sabe*".

No Seminário *O Avesso da Psicanálise*, Lacan apresenta os discursos, a partir de significantes que, de alguma maneira, articulam e governam tudo que pode surgir na ocasião que a palavra circula expressando as situações estruturais de cada sujeito.

Tais discursos foram concebidos a partir de profissões que Freud considerava impossíveis: de governar (discurso do mestre); de educar (discurso universitário) e de analisar (discurso do analista), agregando aos discursos das profissões impossíveis, o da histérica como aquele que "*deseja fazer desejar*"[3].

Porque se perguntar sobre a circulação dos discursos na produção do Cartel?

Conforme aparece no Seminário sobre a *Identificação*, o cartel é para fazer cumprir a transmissão do saber que interessa ser transmitido, pois possibilita ir para além do cogito, da transmissão das idéias que circulam conscientemente. O saber aqui, não de todos ou do Outro, mas aquele de cada um. Aquele saber que Freud identificou como *substitutivo de uma*

---

2 LACAN, 1992, p.11

3 VEGH, Isidoro. Os Discursos e a cura, 2001 p. 16

série de processos, desejos e aspirações investidos de afeto, [que recalcados] nega-se a uma atividade psíquica consciente[4].

Produção de um trabalho comum de estudo, reflexão e aprendizagem para fazer emergir o saber, o inconsciente. O cartel gera um trabalho que, ao ser provocado por uma transferência de trabalho com o "*saber textual*"[5] das obras de Freud e Lacan (e até de qualquer outro) ocupa um lugar de formação e transmissão. Apresenta-se com a função de fustigar o discurso com o qual se vai dialogar no intercurso da transmissão da Psicanálise. Um lugar, uma função no discurso do mestre ou no do universitário, quando algum psicanalista pretenda transmitir a Psicanálise.

Tais discursos, ao serem atravessados por indagações, recusas, contestações e outros comentários, fazem movimentar a função "*quarto de volta*" apelando-se à mudança de lugar do **objeto a**, ou de sua posição no discurso. Enfim, cria-se uma borda para que a aprendizagem do real se processe por meio da produção no cartel.

Prática e teoria, reflexão e experiência. Ato e palavra. No cartel há lugar para a circulação de todos os discursos que ordenam o gozo do sujeito, desde a repetição do primeiro gozo, inaugura o circuito pulsional. O saber que aqui importa se junta como numa trilha de um caminho ancestral, o um de cada um. Saber derivado daquilo que Freud denominou *mais além do princípio do prazer*; de *uma relação primitiva entre saber e gozo*[6]. Ao ordenar letras e lugares, Lacan percebeu que por meio de "*matemas*" poderia realizar operações lógicas que explicitasse os mecanismos lógicos dos discursos. Simetrias e contrapontos e oposições articulam os discursos entre si. As letras utilizadas por Lacan são o **S1** (Significante unário), o **S2** (Significante binário), o **$** (Sujeito barrado) e o **a** (Objeto a) organizam os quatro lugares de sua proposta: o lugar do agente, do outro, da verdade e da produção.

Para Vegh é a partir dessa perspectiva, pode-se dizer que o discurso faz laço social à medida que dois movimentos combinados geram outro

4 FREUD, Três Ensaios sobre a Teoria da Sexualidade (1905), 1989, p.151/2.

5 Conforme Documentos para uma Escola. p. 35.

6 LACAN; 1992, p.16.

discurso, os quais poderiam conduzir o analisando à cura, promovendo-se, assim, as mudanças nas posições que incidam sobre o **objeto a**[7].

O sujeito não se encontra sempre numa posição de discurso rígida. Os lugares que o **objeto a** ocupa falam das transições que incidem nos modos de gozo do sujeito, que também circulam entre outras estruturas. As mudanças de lugar do sujeito respondem aos movimentos do objeto realiza em relação à estrutura.

A demanda por um discurso *harmonioso*, que apela a um Mestre que (no papel de *mais-um* no cartel), responda às questões teóricas dos demais membros de forma que permite um alojamento confortável em identificação com o Outro primitivo, remete ao gozo inicial no qual foi possível "*beber de uma fonte rica e segura*"[8], recebendo pronto o alimento da vida. O alimento que nutre e afeta subjetivamente de *cogito* e de cuidado.

Por outro lado, a cena escópica que se constitui demonstra ainda uma necessidade de acolhimento que remete o sujeito ao conforto da relação com o Outro materno, que o enquadra e autoriza. Lugar que não levará a constituição do sujeito barrado, considerando-se que esse é um tempo de necessária alienação.

Sair dessa posição, na qual o Mestre encarna o lugar do Outro, depositário da suposição de saber, faz movimentar o discurso em direção à produção do saber do inconsciente, constituindo-se num devir em direção ao discurso do analista. Mas essa posição *confortável* precisa ser refletida e *equivocada* para ultrapassar os significantes da ordem e possibilitar-se a emergência da *perda*, da *renúncia*, da falta de certezas e de deixar ir, abrir-se para o discurso do outro parceiro de cartel.

O saber que importa à formação do analista deve transpassar o limite do cogito, ir além, captar a essência do significante, da estrutura de seu discurso e tangê-lo, aguilhoá-lo, tornar possível o aparecimento da possibilidade do inconsciente[9]. Nisso o sujeito perde-se de si mesmo, alguma coisa desliza e sobram destroços que provam que ali há uma incursão na coisa do real.

---

7 VEGH, 2001, p.23.

8 LACAN, Seminário A Identificação

9 Seminário A Identificação

Lacan vai dizer no Seminário da Identificação que tais destroços, mais ou menos irreconhecíveis, possibilitarão ao sujeito reconhecer seu '*é isso mesmo*' ou até '*não é isso de jeito nenhum*', contudo num '*é realmente isso*'[10].

QUE PRODUÇÃO DE CARTEL INTERESSA A UMA ESCOLA DE PSICANÁLISE?

Sempre que se fala em produção de saber numa escola de Psicanálise, verifica-se logo a preocupação de se afirmar categoricamente que o saber que importa é o da ordem daquilo que "*não se sabe*", da ordem do real, do inconsciente, algo da ordem do não-escrito. Nada de cogito, nada mestre, nada de acadêmico, nada de universitário.

Entretanto, o cogito fala de conjectura, de pensamento, de raciocínio, de cismar, de meditar. O cogito nem sempre é certeza ou verdade científica. Antes de sê-lo, não passa de especulação, provisoriedade, impressões. Hipóteses que podem não ser confirmadas. Percepções ainda não bem explicitadas. Sem o cogito não se constrói ou se organiza o pensamento e nenhum saber. Nem os pressupostos das verdades científicas, nem o dos discursos que veiculam o senso comum, nem a verdade do sujeito dividido. Sem o cogito não se remete às representações conscientes, nem àquelas derivadas das experiências catárticas, imagéticas, das associações livres ou as do traço unário. O cogito faz-se veículo ou faz-se verdade. Depende do sujeito que o manipula.

Doutrinariamente, a Psicanálise se apresenta como o saber do real, do inconsciente. Assim, o ensino da Psicanálise se diferenciaria pelo traço de "*ser intransmissível*". Fala-se de uma fenda, de uma fratura que recorta e faz comparecer a falta, fazendo-se deslizar entre os traços particulares do gozo de cada um, do gozo fálico e consente na emergência de um "*gozo outro*" que se esvai na construção de um saber, mantendo-se suficientemente metaforizado para ser comunicável.

Pedaços de vida recolhidos dos destroços do discurso esburacado, este se restaura e se reorganiza num outro patamar. Reorganiza sua escri-

---

10 Seminário A Identificação, p. 24

tura. Organiza-se no lugar do discurso universitário, aquele que sistematiza e organiza letras, palavras e frases por meio de regras e ordenamentos que tornam possível a comunicação do saber captado. Recolhe os restos e os apresenta, dirigindo-se a um novo deslizamento.

Sendo fustigado, o discurso do mestre emerge, rivaliza, mas não desvela o verdadeiro lugar do sujeito. Uma relação vertical tenta se impor e denota efeitos de grupo respingando no imaginário dos cartéis, gerando desafio e provocação, podendo deslizar para afronta, confronto, briga, luta, agressividade e ódio.

Afrontado pela tormenta de inquietações histéricas, que reage, o cartel novamente vê-se frente a uma nova rivalização que ocorre por meio dos questionamentos que fazem pensar. Novo "*quarto de volta*" e pode se desvelar num outro fio, o verdadeiro lugar do sujeito. Mais uma vez está inscrito no debate, algo que faz apelo a se pensar as questões que fogem da compreensão humana.

Mais um "*quarto de volta*" e novamente os saberes estabelecidos são escavacados nos colóquios dos pares em direção a um novo esfacelamento. A verdade do sujeito não está aí toda exposta. Está velada, ausente ou resta algo. Precisa ser decodificada novamente por um aporte teórico que a explique, por uma doutrina que a articule. Faz-se nesse ir e vir de lugares o movimento dialético em busca do saber e da verdade de cada um e da psicanálise.

Em que medida o grupo se interpõe ao cartel?

Qual discurso serviria de anteparo ao esfacelamento pela perda da segurança narcísica do cartel? Nesta experiência, onde analistas se reúnem para se organizar um estudo em transferência com a Psicanálise, a aproximação ficará a certa distância entre a demanda de amor e o ato analítico.

Aproxima pessoas, mas barra a transferência entre elas. O cartel inquieta, pois ancora a emergência do sintoma de cada um. Apela-se à colaboração, à cooperação, às alianças e ao amor, ou ao confronto, à briga, à agressividade a depender das expressões do Um, de cada um, que agrava cada sujeito no cartel.

O grupo, como fantasma do cartel, se interpõe o tempo todo, fazendo aparecer os fantasmas primários de cada um, encenando laços sociais que atravessam o real do cartel. Recriminado e exorcizado como algo maléfico à Psicanálise, o grupo ronda o inconsciente como a expressão da família na qual o sujeito tem origem, de muitas atuações na vida social, na cultura, na sociedade. Impossível não ser grupo na vida, na cultura, na sociedade. Mas, fundamental sustentar o "*ser cartel*" na transmissão da Psicanálise.

O cartel também reatualiza bons e maus "*objetos primordiais*". São significantes que se tornam valores representativos da "*moeda do desejo do Outro*" que pressupõe um signo fundamental para o sujeito. Daí, diante do impasse que se impõe pode-se "a*nular a realidade rival do irmão* [*ou*] *tornar-se, secundariamente, aquilo, mediante o qual o próprio sujeito se vê distinguido, reconhecido, apontado como algo que pode ser reconhecido ou atirado ao nada*"[11].

A realidade do discurso, entrelaçada pelo simbólico, imaginário e real, recomenda que o cartel deva se constituir como função terceira, como dobradiça que faz deslizar os saberes do Outro e os de cada um. A condição de dobradiça que permite a passagem de um discurso ao outro, no limite, admitiria a ocorrência de uma corrupção do sentido original, admitindo processar a "*rivalidade entre irmãos*" (a luta de morte, a luta beligerante) num vir a ser de uma estrutura horizontal democrática (civilizada). Seria a forma de evoluir para a introdução "*na ordem do amor*" do "*é-terno*" (...) *da irrupção do* "*sou o que sou*"[12].

Ao atribuir à expressão freudiana de "*para além do princípio do prazer*" a noção de "*insistência significativa*", Lacan aponta para uma dimensão nova a ser observada em relação à repetição da pulsão de morte. Insistir e perseverar evidencia que, apesar disso, a vida resiste.

Lugar de onde toda sublimação passa a ser possível numa outra satisfação que se dá no inconsciente, e que também se estrutura como linguagem tal como na arte, na pesquisa, no estudo, na produção, na ação,

---

11 LACAN .As formações do inconsciente, p. 263

12 LACAN. Livro 20 Mais, Ainda, p.55

o cartel também pode se dizer no signo do amor, da outra satisfação, da fala que remete a um gozo que está mais além do *gozo do corpo*, seja na mística, seja na amizade, *como algo que fala ao efeito da alma, onde o sexo não conta*[13] Assim, a cooperação em Cartel poderia também ser uma possibilidade de comparecimento desse signo.

O furo, que fustiga e remete a um "*objeto perdido, recalcado e indelével*" pode, enfim, se tornar o produto de uma reflexão, tornado-se saber. Amor e ódio são significantes básicos do ser falante tanto em sua subjetividade, quanto na sociedade. Estão na origem da constituição do ser. Algo pouco apreensível, assimilável, de consistência paradoxal. São mutuamente constituintes, excludentes, complementares e ambivalentes. Guerra e paz.

É nesse sentido que os textos escritos, restos de análise e do saber de cada um, se constituem como uma "*borda do real impossível de se escrever*"[14], mas que pode servir à transmissão da Psicanálise.

Referências Bibliográficas

DOCUMENTOS para uma escola. **Letra freudiana**: escola, psicanálise e transmissão, ano 1, n. 0. Circulação interna.

FREUD, Sigmund. Três ensaios sobre a teoria da sexualidade. In: ______. **Obras Psicológicas completas**. Rio de Janeiro: Imago, 19980. v. VII.

JIMENEZ, Stella (Org.). **O Cartel**: conceito e funcionamento na escola de Lacan. Rio de Janeiro: Campus.

JULIEN, Philippe. **Psicose, Perversão, Neurose**: a leitura de Jacques Lacan. Rio de Janeiro: Cia da Freud, 2004.

KEHL, Maria Rita. **Ressentimento**. São Paulo: Caso do Psicólogo, 2004.

LACAN, Jacques. **O seminário**: livro 2: o eu na teoria de Freud e na técnica da psicanálise. 2. ed. Rio de Janeiro: Jorge Zahar, 1987.

---

13 LACAN. Livro 20 mais, ainda, p.113

14 JIMENEZ, Stella. (Org.) O Cartel, Vários Autores, p. xx

_______. **O seminário**: livro 5: as formações do inconsciente. Rio de Janeiro: Jorge Zahar, 1999.

_______. **O seminário**: livro 17: o avesso da psicanálise. Livro 17. Rio de Janeiro: Jorge Zahar Editor, 1992.

_______. **O seminário**: livro 20: Rio de Janeiro: Jorge Zahar, 1985.

MARTINS, P. He. Cultura Autoritária e aventura da brasilidade. In: BURITY, J. (Org.). **Cultura e identidade**: Perspectivas interdisciplinares. Rio de Janeiro: DP & A, 2002.

MELMAN, Charles. **O Homem sem Gravidade**: gozar a qualquer preço. Rio de Janeiro: Cia. da Freud, 2003.

VEGH, Isidoro (Org.). **Os discursos e a cura**. Rio de Janeiro: Cia de Freud, 2001.

Sobre o lugar seminário numa escola de psicanálise[1]

*Ruth Ferreira Bastos**

RESUMO: Este artigo propõe uma discussão sobre o ensino numa Escola de Psicanálise. Distingue, com Lacan, sua posição no seminário e o lugar de mestria. Propõe que o seminário se faz a partir do traço unário, traço distintivo que permite a reescrita dos significantes herdados e a possibilidade de reinvenção da Psicanálise

PALAVRAS-CHAVE: Seminário. Transmissão. Ensino. Diálogo. Traço unário. Invenção.

No seminário da Angústia, Lacan lembra que para introduzir o Desejo do analista "*não seria um caminho ruim lembrar que existe o desejo do docente*". Com isso ele propõe que o desejo do analista se faça presente na Escola através do ***impulso constante*** de dizer cada vez melhor a teoria, a partir da leitura do próprio traço[2].

---

[1] Texto organizado para o Espaço-Escola de 26 de março de 2008.

* Psicanalista membro da Escola Lacaniana de Psicanálise de Vitória.

[2] Fiz aqui uma proposição em nome do outro, do mesmo modo que Lacan fazia ao comentar Freud. Refiro-me ao mecanismo paranóico da projeção que me permite supor o que ele teria dito, me fazendo dizer algo além do que estava estabelecido. Este mecanismo é essencial na reinvenção da psicanálise.

Lacan propõe que o professor é aquele que ensina sobre os ensinamentos de um outro, fazendo recortes nos ensinamentos e produzindo algo análogo a uma colagem. Indica que, se a ***colagem*** for feita ***menos preocupada com a continuidade, menos comedida,*** teremos uma colagem bem-sucedida, do ponto de vista da colagem como obra de arte. Só assim um analista, numa Escola, atingirá o efeito próprio do que deve ser aí um ensino[3].

Não são poucas as vezes que Lacan tem o cuidado de estabelecer a distinção entre a sua posição no seminário e o lugar de mestria. Fazendo uma colagem de algumas das definições que ele nos deixou, podemos dizer que:

O professor ensina sobre os ensinamentos de um outro produzindo uma colagem que visa o figurativo; diz "**nadas pomposos**", ficando **bem aparafusado** ao papel que encarna na mestria. Seu ensino é euclidiano, tem **duas bordas** demarcadas, para o mestre e seus discípulos, o que acaba por constituir uma **muralha** entre o lugar de professor e o auditório.

Aquele que se ocupa de um seminário, e reconhece o desejo do analista revelado no desejo do docente, faz uma colagem dos ensinamentos de Freud e Lacan, **menos preocupado com a continuidade, menos comedido,** atingindo assim o efeito próprio do que deve ser o ensino numa Escola de Psicanálise. Esta colagem da ordem da obra de arte revela a falta, o furo. Este que se ocupa do seminário sabe que qualquer coisa que diga participa de alguma **indecência;** afinal, seu discurso é sustentado num lugar precário, o lugar de **sujeito,** onde é preciso assumir a **audácia** de arriscar tudo. A ficção de ensino que se produz aí é moebiana, produtora de **diálogo** e de colaborações efetivas, o que exige um esforço de **acomodação recíproca**.[4]

O QUE POSSO CONCLUIR COM LACAN, A PARTIR DA MINHA EXPERIÊNCIA NO SEMINÁRIO?
O QUE PERMITE AFIRMAR QUE O SEMINÁRIO SE FAZ COM O TRAÇO?

Uma Escola de Psicanálise existe para que haja transmissão dos ditos de Freud e Lacan por aqueles que um dia se deixaram tocar pela experiência

---

3 LACAN, J. Seminário10, p.190.

4 Constam, em anexo, algumas das referências de Lacan sobre o tema deste trabalho e as que compõem esta colagem.

do inconsciente e insistem em traduzir os elementos da teoria, a partir do único saber que interessa à Escola: o saber do traço unário[5]. O enigma deste traço, que nos distingue e revela a marca do olhar que promoveu o enquadre onde fomos desejados, movimenta todo o percurso de uma análise e ressoa na Escola onde este analisando se propõe à formação do analista.

A Escola herda de Lacan o privilégio da transmissão oral, a valorização do debate e do diálogo[6]. Neste campo, estamos cientes de que sempre que falamos podemos, de algum modo, revelar, encobrir ou bem-dizer as *indecências*[7] referentes ao traço que nos distingue. Alguns se protegem do que seria a imprecisão simbólica da sua marca, agarrando-se a uma imagem para sentir-se bem *aparafusado ao papel*[8] que lhe reserva, por exemplo, a mestria. Outros revelam o que não caberia ser revelado, provocam pudor, recalque e impossibilidade de ser escutado. Há ainda aqueles que dizem *disparates*, inventam, ousam, chocam o outro e, ainda assim, ou por esta razão, fazem chegar ao destino a sua mensagem. Se Lacan fala de indecências é porque isso que particulariza o sujeito, seu traço de diferença, puro enigma que definiria seu lugar frente ao desejo do Outro, foi recoberto na fantasia com alguma ficção que deverá decantar uma lógica, numa psicanálise. Em geral, quando a análise avança, podendo ler o seu traço, o sujeito se lança na possibilidade de bem-dizer a teoria e se arrisca a imprimir este traço na Escola, aquela que tem a função de recolher as formações aí depositadas.

Tudo que interessa aos analistas, como saber, tem origem no traço unário, indica Lacan. Eu me pergunto: Por quê? Suponho que a relação com o saber na Escola rememora a relação com o saber na análise. E o que

---

5 "É no traço unário, a forma mais simples de marca, a origem do significante, que tem origem tudo o que nos interessa, a nós analistas, como saber." In LACAN, J. Seminário17, p.44.

6 "Quero agora, utilizando a própria definição da estrutura do seminário, passar a palavra. Não quero ser aquele que se encarrega sozinho, tal como Mestre Jacques, de revolver todas as zonas mais ou menos heterogêneas do que nos é legado da elaboração tradicional neste tipo de matérias." In LACAN, J. Seminário 7, p.345.

7 "É preciso filosofar um pouco sobre a natureza do que se chama um congresso. Em princípio, num desses tipos de encontro onde se fala, cada um sabe que, qualquer coisa que ele diga participa de alguma indecência. De sorte, é bem natural, que não se diga ali mais que nadas pomposos, já que assim cada um fica bem aparafusado no papel que se reservou". In LACAN, J. Seminário da Identificação, p.237.

8 Lembro que este termo é usado por Lacan para as identificações imaginárias.

move a análise é a busca do traço revelado na repetição. Traço distintivo, marcado a ferro e fogo num tempo mítico, traço da diferença que, um dia, excluiu o sujeito da massa de indiferença, delimitando sua posição de gozo, sua demarcação no mundo.

O saber do traço é um saber não sabido que só pode ser construído, paranoicamente, pelos mecanismos de projeção. Ou falamos dele através da suposição ou propomos alguma afirmação, nada mais que um *disparate*[9]. Não há sobre ele nenhuma verdade a ser encontrada, é puro enigma. O conhecimento, o já sabido, não tem aqui nenhum valor. O privilégio é dado para o que resta enigmático e nos acossa a buscar sempre a revelação de uma marca não-toda apagada por um dito.

Na busca da delimitação simbólica deste traço de percepção, desde sempre e para sempre real, ao qual o sujeito se enganchou para ter existência, cada um, um a um, poderá vir a fazer Escola. O aprendido em análise, na aquisição e no exercício do saber, na *invenção* [10]do traço, se projeta na Escola indicando ao analista a via do seminário. Também aqui o saber que interessa nunca será da ordem do dominado, da mestria; ao contrário, estará sempre próximo ao estranho, equivalente à surpresa, presente nos disparates que surgem se, e somente se, nos deixamos invadir pelas palavras e articulações que nos são impostas. Se na análise o privilégio é do equívoco, na Escola a visada do ensino não poderia ser do consumo passivo do texto de Freud e Lacan: não se trata de compreender, fisgar o sentido e colar aí. Há exigência de trabalho, produção de texto, e gozo no deciframento. Na teoria e na análise somos lançados na reescrita dos significantes herdados. Isto abre espaço para a invenção.

É preciso esclarecer que os recortes feitos e as articulações que apresentamos aos nossos pares indicam, desde o início, uma posição sintomática. Mas, à medida que, em análise, o sintoma pode ser manipulado e esquartejado e o texto de uma história vai sendo reescrito e rasurado, a

---

9 "O saber, isso tem o ar de descobrir, de revelar. Aimée ela sabia, ela inventava, ela dizia disparates. Foi assim que a suspeita me veio de que o saber se inventa." In LACAN, J. Seminário21, classe8, p.3.

10 "O que eu faço como analista? Eu não descubro a verdade. Eu a invento – é isso o saber. O que é o saber? O saber é invenção. Não é algo a ser procurado, algo já sabido a ser encontrado". In LACAN, J. Seminário21, classe8, p.2.

manipulação da trama da tela, onde foi desenhada a posição do sujeito no mundo, vai revelando os fios que compõem o tecido. Isto tem conseqüências. O efeito do esgarçamento, no privado da análise, se reflete na Escola. A fala deste analista e suas formações começam, em geral, a provocar e atingir um círculo maior. A ressonância da sua palavra se presentifica mais e mais.

O traço distintivo, de exclusão da massa responsável na origem pela constituição do sujeito, por ter sido recortado, separado da imagem de si, é letra endereçada a outros, que carreia mensagens e faz laços. Permite na clínica a função analítica e na Escola a reinvenção e a transmissão.

ANEXO.

O QUE PUDE RECORTAR EM LACAN SOBRE O SEMINÁRIO?

"É lei mesmo e ***tradição do seminário*** *que aqueles que dele participem, tragam mais do que um esforço pessoal –* ***uma colaboração por comunicações efetivas****. (...) Isso não excluirá que vocês obtenham de mim as respostas que estiver em condições de lhes dar. Eu me endereço àqueles que fazem parte do grupo de Psicanálise que representamos. Ele está constituído para uma tarefa (...). Os que não sentiram o sentido desta tarefa, por que permaneceriam ligados a nós, ao invés de se juntarem a uma forma qualquer de burocracia?".* (Seminário1, p.15 e16)

"É preciso filosofar um pouco sobre a natureza do que se chama um congresso. Em princípio, num desses tipos de encontro onde se fala, cada um sabe que qualquer coisa que ele diga participa de ***alguma indecência****. De sorte, é bem natural, que não se diga ali mais que* ***nadas pomposos****, já que assim cada um fica* ***bem aparafusado no papel que se reservou****".* (Seminário da Identificação, 04 de abril de 1962).

"O fim principal das nossas reuniões é a ***formação dos analistas****".*

"Isso implica muitas coisas entre nós. Não deve haver aí duas bordas – a de vocês e a minha. É uma ***ficção de ensino.*** *É por isso que, faz três encontros, me vi levado a voltar sobre o mesmo plano, em várias oportunidades, por* ***uma espécie de acomodação recíproca****".* (Seminário 13, 18 de maio de 1966).

"A questão é a existência deste seminário fechado. Decidi fazê-lo porque entendo que se produza aí o que se chama um ***diálogo****".* (Seminário 13, 26 de janeiro de 1966).

"Não é em razão dos seus méritos ou deméritos que vocês serão ou não convidados... Não tem nada a ver com a política, mas com ***a prática do tapeceiro****. Se me faz falta alguns elos de uma cor e outros de outra cor para fazer certa trama, precisarei eleger meus elos. Convidarei aqueles que me pareçam* ***fazer funcionar o diálogo*** *nas melhores condições. Os outros não têm porquê ofender-se".* (Seminário 13, 15 de dezembro de 1965).

"Quero agora, utilizando a própria definição da estrutura do seminário, ***passar a palavra.*** *Não quero ser aquele que se encarrega sozinho, tal como Mestre Jacques, de revolver todas as zonas mais ou menos heterogêneas do que nos é legado da elaboração tradicional neste tipo de matérias".* (Seminário 7, p.345)

"Que faço aqui? Porque prossigo esse discurso? - Por estar comprometido na experiência. Sustento esse discurso num lugar precário, a saber: assumo essa enorme ***audácia*** *que experimento cada vez a* ***sensação de arriscar tudo,*** *neste lugar insustentável que é o do* ***sujeito****. Não há nada comparável à posição do professor: ele põe uma muralha entre ele e o auditório. É diferente trabalhar tendo na primeira fila pessoas que, há três anos, tentam me excluir da sua comunidade."* (Seminário12, aula2.)

"Frequentemente se diz que a Psicanálise não é uma ciência, o que pareceria indicar por oposição que é uma arte. (...) Creio que o termo arte deve ser empregado aqui com o sentido que tinha na Idade Média, quando se falava das artes liberais. (...) Não é difícil entender a função desta arte e seu alcance na vida e no pensamento dos mestres medievais. O que caracteriza ***as artes liberais****, e as distingue das ciências é a permanência no primeiro plano de algo que pode denominar-se sua relação essencial, básica, com* ***a medida do homem****.*

Creio que talvez a Psicanálise é a única disciplina comparável com as artes liberais, devido a essa relação interna que não se esgota jamais (...): a relação da medida do homem consigo mesmo, e muito especialmente, e por excelência, o uso da linguagem, o ***uso da palavra****". (O mito individual do neurótico)*

O QUE LACAN INDICA QUE ME PERMITE DIZER QUE O SEMINÁRIO SE FAZ COM O TRAÇO?

"É no traço unário, a forma mais simples de marca, a origem do significante, que tem origem tudo o que nos interessa, a nós analistas, como saber". (Seminário17, p.44).

"O traço unário não está no campo primeiro da identificação narcísica. (...) Ao se agarrar à referência daquele que o olha no espelho, o sujeito vê aparecer, não seu ideal de eu, mas seu eu ideal, este ponto em que ele deseja comprazer-se em si mesmo." (Seminário11, p.242)

"O que eu faço como analista? Eu não descubro a verdade. Eu a invento – é isso o saber. O que é o saber? O saber é invenção. Não é algo a ser procurado, algo já sabido a ser encontrado". (Seminário21, classe8, p.2)

"O saber, isso tem o ar de descobrir, de revelar. Aimée, ela sabia, ela inventava, ela dizia disparates. Foi assim que a suspeita me veio de que o saber se inventa."

(Seminário21, classe8, p.3)

"Se o bem-dizer só é governado pelo pudor, isso choca, claro, isso choca, mas isso não viola o pudor". (Seminário21, classe9, p.10)

"Não há o menor desejo de saber. Não há o menor desejo de inventar o saber. É o horror, e não o desejo, que preside o saber." (Seminário21, aula11, p.13)

REFERÊNCIAS BIBLIOGRÁFICAS

LACAN, Jacques. **O seminário**: livro 1: os escritos técnicos de Freud. Rio de Janeiro: Zahar, 1979.

_______. **O seminário**: livro 7: a ética da psicanálise. Rio de Janeiro: Jorge Zahar, 1988.

_______.. **O seminário**: livro 9: a identificação. Publicação interna do Centro de Estudos Freudianos de Recife. 2003

_______.. **O seminário**: livro 10: a angústia. Rio de Janeiro: Jorge Zahar, 2005.

______. **O seminário**: livro 11: os quatro conceitos fundamentais da psicanálise. Rio de Janeiro: Jorge Zahar, 1973.

______. **O seminário**: livro 12: os problemas cruciais da psicanálise. Inédito.

______. **O seminário**: livro 13: o objeto da psicanálise. Inédito.

______. **O seminário**: livro 17: o avesso da psicanálise. Rio de Janeiro: Jorge Zahar, 1992.

______. **O seminário**: livro 21: os não-tolos erram. Publicação interna da Escola Lacaniana. RJ.

SOBRE SEMINÁRIO NA ESCOLA (ANOTAÇÕES) [1]

*Vera Maria Intra Gomes**

RESUMO: O ensino de Lacan se divulga inicialmente através de seus famosos seminários. A partir desta constatação, o autor faz um estudo da Metodologia Seminário, desde sua origem na Idade Média até os tempos atuais, assinalando a diferença que Lacan imprime nessa experiência de transmissão da Psicanálise.

PALAVRAS-CHAVE: Seminário, Escola, Ensino.

Qual é a função de um Seminário em uma Escola Lacaniana de Psicanálise?

Em que se distingue esse funcionamento de um Seminário do modelo acadêmico?

O que tem a ver essa prática lacaniana com a história da palavra Seminário?

Estas perguntas com que inicio uma reflexão sobre Seminário na Escola já venho me fazendo há algum tempo, a partir do momento em que a questão Seminário se fez presente em nosso meio; nem tanto pelo

---

[1] Texto apresentado na Escola Lacaniana de Psicanálise de Vitória em setembro 2002.

* Psicanalista, membro da Escola Lacaniana de Psicanálise de Vitória.

esvaziamento desse lugar, mas pelo próprio lugar e pela função que essa experiência me acossa. Lembro a vocês que há 1 ano e meio resolvi suspender as apresentações do meu Seminário "O Enigma da Mulher para a Psicanálise", justamente no ponto em que me deparei com a questão do Feminino. E até hoje não disse ainda à Escola por que parei. Provavelmente, este texto comece a falar disto e o que eu fiz com o tempo deste meu silêncio.

Para iniciar, faço algumas observações que me parecem importantes para o assunto de nossa discussão sobre lugar Seminário. Destaco:

A primazia, na prática, que Lacan deu a essa experiência, durante mais de trinta anos ininterruptos, e que ele nomeia como "*meu ensino*", em vários momentos de seus seminários, e de forma particular no Seminário 11. (Ler a ref. do cap. I, A Excomunhão, o seguinte:

> *"E se estou hoje em condições de poder dar continuação a esse ensino que foi o meu, a mim se impõe, antes de abrir o que então se apresenta como uma nova etapa, começar pelos agradecimentos" (...) "a fim de que eu não fique, pura e simplesmente, reduzido ao silêncio, na posição de um refugiado".*
>
> É oportuno que se registre que a excomunhão da IPA se dá justamente por um ensino e uma prática em que já se anunciava uma Formação de Analistas que se poderia nomear de Estilo Lacaniano de Escola.

Embora na Ata de Fundação de 21 de junho de 1964, que é contemporânea ao Sem 11, não haja nenhuma referência específica à palavra seminário, ele fala de "**estudo**" e de "meu ensino"– *"Serão propostos ao estudo, assim instaurado, os traços pelos quais eu mesmo rompo com standards afirmados na prática didática, assim como os efeitos imputados a meu ensino no curso de minhas análises, quando ocorre que meus analisandos assistam a ele a título de alunos"*; toda ênfase, no funcionamento da Escola naquele momento, é dirigida então ao cartel.

Em Nota Anexa, também de 1964, ele diz o seguinte:

> *"O ensino da Psicanálise só pode ser transmitido de um sujeito a outro através de uma transferência de trabalho".*

"Os Seminários, inclusive o nosso curso na Hautes Etudes, nada fundarão caso não reenviem a essa transferência".

Em julho de 78, no Congresso sobre transmissão, nas Conclusões, Lacan afirma:

" Tal como hoje chego a pensar, a Psicanálise é intransmissível. Isso é bem desagradável. É desagradável que cada psicanalista seja forçado – já que é preciso que ele seja forçado a isso – a reinventar a Psicanálise".

É sabido que dos anos cinqüenta em diante, os Seminários de Lacan passaram a ser freqüentados por um número cada vez maior de analistas e intelectuais europeus, árabes, americanos, latino-americanos que se dispunham a estudar Freud, através do olhar e da voz de J. Lacan.

Aqui, quando já me é possível associar a prática do Seminário ao ensino, vou tentar introduzir uma questão a mais: *ensino e transmissão são a mesma coisa?*

Os seminários são muito comuns no ambiente universitário, embora não sejam uma invenção universitária, e se constituem como um espaço para discussões de idéias novas, provocando o levantamento de questões que não aparecem freqüentemente nos livros e obras originais consultadas e debatidas. Não é arbitrariamente que seu nome deriva, por etimologia, de *"semen"*: semente de temas que merecem estudo e pesquisa.

É neste ponto que, na história da palavra seminário, vou buscar a articulação que me parece sustentar a originalidade da utilização por Lacan dessa prática acadêmica e os efeitos desse seu ensino.

Seminário é palavra que nos vem do latim *"seminarius,i"*, isto é, semen, semente + arius, ário, sufixo que indica lugar, presente também em palavras como relicário, aquário. Essa palavra nos remete a uma prática agrária utilizada para semeadura de grãos; daí seminário como "viveiro de plantas; espaço em que se semeiam as plantas e de onde se transportam depois de crescidas para o terreno próprio em que se hão de desenvolver".

Foi com este sentido que, na Idade Média, a Igreja inaugurou o ensino dos anunciadores da Palavra das Sagradas Escrituras através de seminários, e que eram ministrados nas catedrais e mosteiros medievais, pois não havia escolas para a formação de seus clérigos. Os seminários consistiam, então, no estudo das Sagradas Escrituras. A pré-existência de textos sagrados (Antigo e Novo Testamento) esteve presente na origem dessa prática que nasce da necessidade de se formar pregadores da Palavra.

Quando foram criadas as universidades na Europa Medieval, os seminários também ali aconteciam, como os apresentados na Universidade de Paris ministrados por São Tomás de Aquino. Essa instituição, reconhecida pela autoridade papal, tornou-se o mais importante centro teológico da Idade Média, e sua organização serviu de modelo para as demais universidades européias. Entretanto somente no século XVI, é que o ensino eclesiástico foi regulamentado pelo Concílio de Trento e criadas as instituições de formação nominadas seminários.

Portanto a palavra seminário, a partir da experiência da Igreja, porta o sentido de formação eclesiástica, mantido até os dias atuais; e de sua prática nas universidades, a palavra seminário ganha também, através da própria história da universidade, dimensão e prática acadêmica e leiga.

É interessante lembrar que a metáfora utilizada na parábola do Semeador, do evangelho de São Mateus, traz a semelhança entre palavra e semente. É o argumento teológico que sustenta a escolha da nomeação seminário enquanto lugar de formação.

Mas voltemos agora a Lacan. Por que essa prática tão contínua de seminário? Parece-me que todo seu ensino é O Seminário, enquanto voltado para a formação de analista. Se os temas que afloravam eram trabalhados e enumerados em Seminário 1 ou 25, não importa! O que está em mira é o Ensino da Psicanálise. E para isso, lá estão as "Sagradas Escrituras de Freud", mas de uma sacralidade que se abre às possibilidades de heresias. Lá está o apontamento de que "Os seminários nada fundarão caso não reenviem à transferência de trabalho"; lá está sua releitura de Freud que nasce de um olhar sustentado pelo desejo do analista que dá voz ao que ainda tem por ser dito. Escrita. Transferência de trabalho. Desejo do analista. Tudo isto junto, deve dar num seminário.

Parece-me ainda que seminário convoca a autoria de um texto articulado à teoria psicanalítica, a partir de um outro que é construído na análise pessoal. É textura mesmo!

Creio que a suspensão de meu seminário tem a ver com isto. Se um novo tema foi se delineando como efeito de um seminário em curso, enquanto uma questão - *O Feminino em Psicanálise*, era preciso que os efeitos desta questão, em minha análise, se construíssem em um outro texto tecido com os significantes que me fossem possíveis recortar. E assim se deu. Parti então para escrever mesmo! Nasceram desse silêncio alguns ensaios. Um dia, quem sabe!? eu publico "Uma Leitura d'A Construção do Feminino em Psicanálise".

SUPERVISÃO: DESEJO DE DESEJO DO ANALISTA[1]

*Rosânea Aparecida de Freitas das Neves**

RESUMO: O presente trabalho busca refletir a prática da supervisão numa universidade e numa escola de psicanálise no processo de formação do analista.

PALAVRAS-CHAVE: Supervisão. Formação Analítica. Psicanálise Lacaniana.

A proposta desse trabalho é discutir alguns elementos da experiência de supervisão em psicanálise na universidade, especificamente num curso de psicologia, e numa escola de psicanálise lacaniana.

Num primeiro momento, pretendo colocar algumas questões em relação à prática da supervisão: Qual a sua função? O que se busca nessa prática? O que esperar de resultados? Qual o vínculo estabelecido com o supervisor? De que lugar o supervisor responde ou faz suas intervenções? Qual o tempo necessário para se buscar uma supervisão?

Num curso de psicologia, assim como num curso de medicina, odontologia, enfermagem, pedagogia, após um período de matérias te-

---

[1] Colóquio sobre as formações do analista. Escola Lacaniana de Psicanálise de Vitória. Novembro 2007.

* Membro da Escola Lacaniana de Psicanálise de Vitória.

óricas têm-se o início da prática clínica seguindo as linhas de formação próprias ao percurso universitário. Essa prática clínica geralmente é acompanhada por um professor supervisor. Sabemos que o campo da psicologia configura-se como uma colcha de retalhos dada a diversidade de abordagens nela presentes, na qual até mesmo a psicanálise é incluída. Assim uma questão se impõe de imediato dada a especificidade da formação em psicanálise: como pensar a prática da supervisão nesse contexto universitário?

Nossa proposta nesse colóquio é discutir as "formações" do psicanalista. Sublinho *formações* para ressaltar a proximidade com a frase *formações do inconsciente* quando nos referimos aos atos falhos, sintomas, sonhos. Mas também sublinho o plural da palavra "formações" para apontar que não há uma única formação dentro da psicanálise, haja vista a variedade de instituições seja a IPA, o modelo americano, a escola inglesa, a escola lacaniana e outras nem tão sérias assim, como vemos em *outdoors* pela cidade. Mesmo dentro de uma escola Lacaniana não há padrão para a formação de um psicanalista, sempre da ordem do particular, mas não sem referências ao que propõe o pensamento de Lacan.

A questão da supervisão está colocada como uma prática na formação do analista desde Freud. Mas é a forma como essa prática se efetivou no movimento psicanalítico que nos interessa mais de perto ao fazermos essa aproximação entre a supervisão na universidade e numa escola de psicanálise lacaniana. Sem nos atermos aos detalhes históricos convém dizer que essa problematização só ganha relevo a partir do ensino de Lacan, que começa a fazer a oposição de seus termos aos da IPA, e culmina com a fundação da Escola Freudiana de Paris em 1964, propondo um retorno a Freud.

Para o trabalho em questão marcamos alguns termos da IPA, por julgarmos que são eles que servem de modelo à formação universitária em psicologia clínica e, logo, inclui o molde da supervisão. São eles: a supervisão pressupõe uma verificação da questão técnica, ela é imposta normativamente pela instituição, os supervisores são indicados ou autorizados pela instituição, que também determina a duração dessas supervisões. Podemos dizer que aqui nos aproximamos do discurso universitário, que busca garantias antecipadas pelo controle.

O modelo da IPA de que falamos propõe ao candidato a analista um número x de análise pessoal, sob determinado tempo, com um analista didata, o atendimento clínico sob supervisão, o tempo de duração das sessões, e outros preceitos institucionais.

Numa formação universitária em psicologia, ainda que seu estágio tenha uma orientação psicanalítica lacaniana, ele esbarra em questões institucionais próprias ao campo universitário: o paciente não escolhe aquele que lhe atenderá, isso é dado pela fila de espera do núcleo de atendimento (o que põe em discussão a questão da transferência); pois de certo, o estudante não escolhe fazer supervisão nem o supervisor, isso está dado pela instituição de ensino dentro das suas possibilidades; o que se busca é o aprendizado e a normatização da experiência.

Prossigamos com o que propõe Lacan na ata de fundação da Escola Freudiana de Paris a respeito da supervisão, para melhor estabelecermos as diferenças entre esses dois espaços de formação:

> É uma constante que a psicanálise tenha efeitos sobre toda prática do sujeito que nela se engaja. Quando esta prática provém, por pouco que seja, de efeitos psicanalíticos, há que engendrá-los no lugar onde ele tem que reconhecê-los.
>
> Como não ver que o controle se impõe desde o momento destes efeitos, e, em primeiro lugar, para proteger destes aquele que vem aí em posição de paciente?[2]

Se a prática da supervisão se impõe a todo aquele que se compromete com a psicanálise, independente da exigência institucional estamos, então, em um outro terreno, que chamarei de desejo do desejo do analista[3]. Assim a pergunta – o que se busca numa supervisão –, quando ela se impõe ou quando ela é imposta, recebe respostas diferentes. No primeiro

---

[2] LACAN, J. Outros Escritos. Jorge Zahar Ed. RJ. 2003 2003. p.241

[3] Ato falho cometido na escrita no qual tentando responder à pergunta o que se busca numa supervisão tentei escrever desejo do analista e o que apareceu foi desejo de desejo do analista. Acho que talvez seja isso mesmo. O inconsciente deu a resposta e me impôs a tarefa de elaborar meu ato falho: essa é a tentativa desse trabalho.

caso – uma Escola de Psicanálise – trata-se da própria prática analítica no que ela excede qualquer conhecimento técnico prévio, e sim do ato analítico, ali onde o eu, ou o pensar, estão ausentes. No segundo caso – formação acadêmica – trata-se de uma verificação de aprendizagem. O que não quer dizer que outras questões não estejam envolvidas. Pois mesmo dentro de uma escola psicanalítica pode-se procurar uma supervisão por demanda de reconhecimento, ainda por supor a aprendizagem de uma técnica. Aí é que o manejo do supervisor pode entrar em ação para fazer vigorar o discurso analítico, precisando o lugar do qual opera e sustentando uma transferência de trabalho.

Quando Lacan descarta a questão dos *standards* não está dizendo que ali não havia eficácia nenhuma mas, sim, que isso não bastava para garantir a eficácia. Tanto é assim que mesmo dentro de um modelo universitário os atendimentos clínicos realizados e as supervisões podem ter um efeito analítico. Não é o lugar mais propício, nem de garantias antecipadas, mas, se não há padrões, como garantir também que não haja efeitos analíticos ali? Senão estaríamos caindo no mesmo erro, só que por oposição. O que está em jogo são o desejo e a forma de lidar e suportar a falta. Assim, se esse aluno e/ou esse supervisor encontram-se nesse campo há possibilidades de transmissão.

Portanto, as questões colocadas no início do texto sobre a prática da supervisão, a sua função; o que esperar de resultados; qual o vínculo estabelecido com o supervisor; de que lugar o supervisor responde ou faz suas intervenções e qual o tempo necessário para se buscar uma supervisão, só podem encontrar respostas dentro do próprio campo no qual emergem, seja o meio acadêmico, institucional ou analítico.

REFERÊNCIAS BIBLIOGRÁFICAS

BENETI, A. **A questão da supervisão**. Minas Gerais: Tahl, 1992.

LACAN, Jacques. **Outros Escritos**. Rio de Janeiro: Jorge Zahar, 2003.

SAFOUAN, M. **Dizer**, n. 1. Boletim da Escola Lacaniana do Rio de Janeiro. Set. 1990.

Quanto à transmissão em psicanálise e a formação do psicanalista: um só-depois da escrita do texto "O cartel, o trabalho e o luto"[1]

*Maria Luiza Zanotelli**

RESUMO: Trata-se de reflexão acerca do progressivo desenvolvimento das teorizações lacanianas sobre a pluralização dos nomes-do-pai, instaurando o campo lacaniano – o campo do gozo – e suas conseqüências no enlaçamento coletivo promovido pela experiência "real" de cartel e formação do psicanalista.

PALAVRAS-CHAVE: Cartel. Formação em psicanálise. Campo lacaniano.

Gostaria de recortar uma questão perpassada ao observar a articulação entre os três significantes: o cartel, o trabalho e o luto. Trata-se da transmissão que se efetua através da prática dos cartéis e a sua incidência na formação do psicanalista.

Neste texto, busquei formalizar, a partir da experiência de trabalho em cartéis, alguns pontos que poderiam denotar o que de "lacaniano" concerne a uma formação em psicanálise. Assim, poderíamos hoje nos perguntar; o que este dispositivo introduz de "novo" à formação em psi-

[1] Colóquio sobre as formações do analista. Escola Lacaniana de Psicanálise de Vitória. Novembro 2007.

* Psicanalista, Membro da Escola Lacaniana de Psicanálise de Vitória.

canálise? Por que deveríamos insistir nesta prática?

A leitura do presente texto provocou em alguns colegas-analistas uma pergunta que retornava com frequência, focalizando uma passagem do mesmo que aqui reproduzo:

> "Esse lugar do Deus Pai é aquele que aqui designei como o nome-do-pai e que me propus ilustrar no que deveria ser meu décimo terceiro seminário (o décimo primeiro em Sainte-Anne),quando uma passagem ao ato de meus colegas psicanalistas forçou-me a por um fim nele, depois da primeira lição. Nunca mais retomarei este tema, vendo nisso o sinal de que esse lacre ainda não pode ser retirado para a psicanálise."

E, com este ato de suspensão, Lacan no deixa um enigma: este lacre, estaremos hoje em condições de retirá-lo? Qual a incidência do mesmo na formação dos analistas e na direção dada à mesma nas escolas? De alguma forma os dispositivos pensados por Lacan, o cartel e o passe, como base de sustentação de uma escola, estariam no rastro deste lacre, deste enigma? Isto não coloca em articulação o cartel, o trabalho e o luto, ou seja, a relação com o saber no campo da psicanálise?

Na passagem ora reproduzida, recorto uma questão que, a meu ver, permanece enigmática, mas possível e até necessária de ser pensada e elaborada por cada um de nós.

Depois de algumas outras leituras e reflexões, tentarei articular de forma mais precisa, através deste adendo, o deslocamento promovido por Lacan, ao longo de seu ensino, quanto ao conceito de nome-do-pai. Passagem do singular ao plural, do nome-do-pai aos nomes-do-pai, que não foi sem consequências para a clínica, a teoria e a formação em psicanálise.

É por meio da pluralização dos nomes-do-pai, à luz da matemização dos discursos e da escrita borromeana, que Lacan realiza o deslocamento progressivo que implica em uma série de resignificações às suas próprias teorizações até então e, como não poderia deixar de ser, na transmissão e formação em psicanálise.

Dessa forma, precisamos contextualizar um momento do ensino de Lacan que trouxe com o conceito de nome-do-pai uma resultante da equação da metáfora paterna capaz de promover uma série de esclarecimentos quanto à operatividade da função na estrutura. O pai, enquanto função, efetua, não só a interdição do desejo da mãe, mas também abre o acesso do sujeito a uma posição no desejo.Tempo do ensino de Lacan, em que a metáfora paterna torna-se a instância ordenadora e garantidora do lugar do Outro na estrutura, e que um acidente neste registro aponta para uma falha, que é aquilo que testemunharia a clínica das psicoses.

No entanto, ao longo de seu ensino, Lacan vai progressivamente promovendo um deslocamento para o que vem a ser por ele mesmo nomeado como o campo do gozo, campo lacaniano, onde vigora a lógica das suplências, do não-todo, quando o nome-do-pai vai pluralizando-se. Torna-se, então, um quarto elo que sustenta a amarração borromeana, um sinthome, que dá consistência e condições de operatividade significante na estrutura. O que Virgínio Baio, em seu texto "Autismo e Nome-do Pai", comenta da seguinte maneira: "(este quarto elo surge)...domesticando o gozo em um enodamento singular feito de imaginário e presença real (...)um modo do sujeito saber-fazer com o real do corpo."[2]

A formalização borromeana para além da clínica das psicoses abre, no campo da psicanálise lacaniana, uma série de questões e resignificações. Introduz, então, as "versões-do-pai", os nomes-do-pai, cujas invenções inscrevem uma forma de gozo no laço com o Outro. Trata-se aí de um saber-fazer com o real do gozo, ao que acrescento, com os restos das análises, bem como, um saber-fazer com este sintoma que é "ser analista".

Tal lógica nos permite formular, talvez muito apressadamente, a seguinte questão: que outro modo de enlaçamento esta experiência "real" de cartel (imaginário e presença real) promove entre os membros de uma escola de psicanálise? Que espécie de consistência esta ex-sistência do analista insiste no trabalho do coletivo? Ou seja, que espécie de identificação se sustenta no coletivo frente ao impossível desta relação?

As pontuações me fazem retornar a uma outra passagem do texto, na qual sublinho a citação de Lacan em seu seminário XXII, R,S,I. (1975), em que realiza o seguinte comentário acerca de sua busca com os cartéis: "Um

---

2 BAIO, Virgínio in Scilicet dos Nomes-do-Pai; textos preparatórios para o congresso de Roma; Julho, 2006, p 22

cartel, por quê? (...) O que eu quero, é o quê? A identificação ao grupo."

E, continua mais à frente: "Identificação que tem em seu cerne, aquilo que está no centro do nó borromeano, o objeto a." (...) "Este objeto domina aquilo de que Freud faz a terceira possibilidade de identificação: a da histérica com o desejo do Outro."

Situa-se aí o ponto que articulei no trabalho com a passagem, talvez sempre fecunda e efêmera, da estrutura do grupo à estrutura do discurso, onde temos a emergência da distinção do I de a, ou seja, da identificação idealizante (da histérica) da separadora, momentos de ruptura de semblante, dissolução, renodulação.

Seguindo essa direção, encontrei, para minha grata surpresa, um texto de Brigitte Lemérer, "O passe, entre herança e invenção: transmissão da psicanálise e formação do psicanalista" que, a meu ver, veio ao encontro dessa articulação proposta no trabalho. Traz, pois, alguns esclarecimentos quanto à possibilidade de fato, ou não, ainda hoje, nas escolas de psicanálise podermos efetivar a suspensão do "lacre", mencionada por Lacan no final dos anos 60.

Do texto, destacarei algumas passagens, no que concerne à questão do "autorizar-se" psicanalista. Para tanto, Lemérer se detém num enunciado lacaniano que surge inicialmente em 1967, no texto 'Proposição ao Psicanalista da Escola' e que, mais tarde, em 1974, durante seu seminário 'Les Nom duper-errent', retoma da seguinte maneira: "Ele (o analista) não se autoriza senão por ele mesmo e eu acrescentaria: "e por alguns outros."[3]

Ao mencionado "alguns outros", Lemérer propõe em seu texto, duas possíveis leituras, que irão determinar dois modos distintos de formação e transmissão em psicanálie.

Lembrando Lacan, sabemos que uma psicanálise é necessária à formação de um psicanalista, no entanto, não é suficiente à sustentação de uma autorização a esta posição. É preciso algo mais. O que a autora comenta da seguinte maneira: "...um lugar de formação coletiva. O que

3 LACAN, Jacques; SeminárioXXI (1973/74): Les Non-dupes Errent. Inédito. (aula do dia 09/04/74)

dizer deste coletivo, aqui designado como "alguns outros"?"

A questão é desenvolvida com a proposição de duas leituras possíveis: uma primeira, na qual poderíamos identificar o analista do analista, seus supervisôres e aqueles que tiveram uma função iminente na instituição em que o analista se formou, e assim, comenta a autora:

> "...o que corresponde a uma certa borda, a uma certa concepção da formação dos analistas. Esta leitura implica que o saber-operar numa análise foi transmitido ao futuro analista por seu próprio analista, por seus supervisôres e pelos responsáveis da instituição analítica que o formou, saber que lhes foi transmitido pelas mesmas vias, numa cadeia genealógica que se origina em Freud, garante desse saber."[4]

Numa segunda leitura de "alguns outros", poderíamos identificar não pessoas particulares, mas sim, um modo de enlaçamento, de amarração do coletivo, contingente e pontual, que se realiza em encontros ocasionais. O que explica Lemérer da seguinte maneira: "O que determina a particularidade deste enodamento e o que se encontra exatamente? Certas manifestações clínicas que se produzem nos cartéis(...)"[5]

E cita certas situações que emergem no cotidiano do trabalho de cartéis, nos quais se produzem fragmentos de saber extraídos no desconhecimento, das enunciações ali produzidas. Produção, cuja autoria se tece de um outro modo, e comenta Lemérer:

> Esse momento do trabalho do cartel permite-nos identificar um modo particular de transmissão que não é regulado pela relação professor-aluno, relação daquele que sabe com aquele que ele forma, da qual depende toda formação profissional: aqui, um certo saber se forma, dando lugar ao primeiro enunciado, emitido e recebido inicialmente em total desconhecimento.(...) A transmissão que se produziu é bem particular: o "transmissor" não conhece, estritamente falando, o saber que ele enuncia e esse saber

---

4 LEMÉRER, Brigitte. O passe, entre herança e invenção: transmissão da psicanálise e formação do psicanalista. In: A Psicanálise e os discursos; publicação da Escola Letra Freudiana- Ano XXIII – n.34/35 (2004). RJ - p.205

5 Ibid. p 204.

não se transmite, a menos que um desejo venha alojar-se aí.[6]

Ou seja, temos o vigor de uma transmissão discursiva, que se efetua entre os sujeitos em questão, e que não é sem um desejo que possa aí alojar-se. Dando forma, consistência, e ex-sistência a esses "restos" ouvidos que dele sofrem um tratamento, uma nomeação, reciclagem, autor-ização.

Ainda com Lemérer:

> Seguindo nossa primeira leitura dos "alguns outros", o analista se forma pela aquisição de um saber transmitido de geração em geração, por vias regulamentadas de antemão. Segundo nossa segunda leitura, é no encontro ocasional com "alguns outros" que algum saber se forma e se transmite a partir de elementos recalcados, desmentidos, negligenciados, deslocados, saber pelo qual o analista se responsabiliza, dando-lhe existência e consequência no campo psicanalítico e fazendo-se, desde então, responsável pelo avanço da psicanálise.[7]

Ao modelo de formação hierárquico, herdado da IPA, no qual a psicanálise é tomada como uma técnica a ser trasmitida por uma via geracional, Lacan introduz algumas subversões que determinam um outro modo de enlaçamento dos analistas, o cartel, certamente, é uma destas subversões.

Ao tripé - análise pessoal, supervisão e estudo teórico - situa a necessidade de um enlaçamento, sustentado pela via de uma transferência de trabalho, que poderá manter o vigor e a efetividade de uma elaboração de saber, que não é sem o desejo aí em jogo. E isso não se faz sem "alguns outros" que possam suportar uma autorização constante e permanente da experiência analítica.

Como bem pontuou Lemérer:

> (...) esse dispositivo da escola sustenta uma concepção da formação dos analistas que não está mais ligada a uma transmissão pela via genealógica

[6] Ibid. p 204 e 205

[7] Ibid. p 205

> do saber herdado de Freud; ela implica um verdadeiro trabalho de subjetivação, de reinvenção desse saber, que se efetua em laços de cartel, colocando em jogo o desejo particular que cada um de seus membros investe neste trabalho. É o primeiro tempo de uma política de formação que leve em conta a descoberta freudiana e a ética que dela se impõe.[8]

A questão sempre atual nos coloca diante do desafio de sustentarmos uma experiência d'escola com condições e possibilidades efetivas de prescindirmos desse "lacre" no campo da psicanálise.

Referências Bibliográficas

BAIO, Virgínio. Autismo e nome-do-pai. In: **Scilicet dos nomes-do-pai**. Textos preparatòrios para o congresso de Roma, jul. 2006.

LACAN, Jacques; **O seminário**: livro 21: les non-dupes errent. Inédito.

LEMÉRER, Brigitte. O passe, entre herança e invenção: transmissão da psicanálise e formação do psicanalista. In: **A Psicanálise e os discursos**. Publicação da Escola Letra Freudiana do Rio de Janeiro, ano XXIII, 2004. n. 4/35.

---

[8] Ibid. p 209

A PUBLICAÇÃO E A TRANSMISSÃO DA PSICANÁLISE[1]

Ana Lucia Carneiro da Cunha[2]

"...que o que se quer dizer, e que não é dizível, possa revelar-se".[3]

RESUMO: O artigo trata da importância da publicação na formação do psicanalista e na transmissão da Psicanálise.

PALAVRAS-CHAVE: Formação do psicanalista. Publicação. Transmissão.

Em diversos momentos do seu ensino, Lacan indica a importância da publicação para uma Escola de Psicanálise.

Cito Lacan no Ato de Fundação da Escola Francesa de Psicanálise, em 1964: "O fundo financeiro (...) será inteiramente reservado para seu esforço de publicação"[4]; e na Introdução de *Scilicet* no título da revista da Escola Freudiana de Paris, em 1968, onde diz "que quem nela não figurar não poderá ser reconhecido como meu aluno"[5].

Uma Escola de Psicanálise tem como razão da sua existência a transmissão da Psicanálise, onde o que está em jogo é o Real. Um analista vive o seu fazer na solidão absoluta; não existe grupo de psicanalistas – não

---

1 Colóquio sobre as formações do analista. Escola Lacaniana de Psicanálise de Vitória. Novembro 2007.

2 Psicanalista. Membro da Escola Lacaniana de Psicanálise de Vitória.

3 LACAN, J. O Seminário Livro 1 p 278.

4 LACAN, J. Outros Escritos p 238.

5 Idem, p. 296.

existe este plural. O ato psicanalítico se dá a ver só-depois, em seus efeitos para um sujeito – não há um Outro que o garanta antecipadamente.

Há no entanto a insistência de alguns, aposta num rigor que possibilite a presença do Real em funcionamento, quebrando o grupo para a emergência de efeitos d'Escola.

A formação de um psicanalista é um longo percurso onde, necessariamente, vão sendo destituídas, abandonadas as máscaras que compuseram o "eu" de que nos valemos para existirmos no mundo.

Assim dito, pode parecer estranho se desfazer das ilusões – mas são cortinas que se abrem para inéditas paisagens. Pois "o material significante é constituído de formas destituídas do seu próprio sentido e retomadas numa organização nova através da qual um outro sentido encontra expressão"[6].

François Wahl foi editor dos Escritos de Jacques Lacan. Vale a pena ler o capítulo "Retratos de um editor" no livro de Elizabeth Roudinesco sobre Lacan[7]. Vemos o imenso desafio que representou para Lacan a publicação de seus escritos. "Wahl estava exausto, estafado, mas satisfeito. Tinha conseguido arrancar esse homem do domínio de sua própria fala para fazê-lo chegar enfim a uma verdadeira escrita" (p330).

Isto deve ser então o primeiro desafio para a Publicação e me faz pensar na Memória da Escola, onde estão guardados inúmeros textos dos psicanalistas desta Escola. É preciso um trabalho junto aos psicanalistas, uma insistência a que retomem seus textos que, em sua maioria, foram produzidos em função de algum evento, portanto para serem falados.

E de que trabalho se trata, este de transformar o texto oral em texto escrito? Não me refiro a uma transcrição, que pode inclusive ser feita por um terceiro. Tampouco é uma mera questão gramatical.

Qual poderia ser então o motivo para a inibição frente ao escrever? Trata-se verdadeiramente de uma inibição? Verificamos alguns analistas que articulam sua fala com bastante clareza e têm grande dificuldade para transformá-la em texto escrito. Inclusive quando se tem feita a transcrição

---

6 LACAN, J. Seminário Livro 1, p. 283

7 Roudinesco, E. Jacques Lacan, esboço de uma vida, história de um sistema de pensamento.

da sua fala, organizá-la para ser publicada torna-se um problema quase insolúvel. Não é, portanto, o *assunto* que está em questão.

O "assunto" em questão é o próprio sujeito.

Durante o percurso em análise, vamos modificando, re-vendo, re-cortando, re-escrevendo um mesmo ponto sintomático.

Quando falamos, temos o recurso da modulação da voz, de emendar os "erros" cometidos, podemos voltar atrás. Ao escrever, no entanto, as escolhas feitas naquele momento ficam registradas. E quantas vezes sentimos estranheza lendo o que foi escrito por nós em outros tempos?

A função da publicação numa Escola de Psicanálise difere daquela numa academia, pois não se trata de garantir o reconhecimento a um nome próprio, ou uma bela forma, ou uma importante descoberta.

Trata-se de recolher o que, de uma psicanálise, vai caindo como restos que podem ser transmitidos. Registro dos trilhamentos que cada um analista percorre na "fabricação" da sua teoria.

O que se transmite é uma teoria, que se faz com a própria análise e não sem estar afetada pelas teorias freudiana e lacaniana.

Porque, afinal, temos de Freud os vinte e quatro volumes das suas obras completas; de Lacan, além dos seus escritos, as transcrições dos seminários. Não é para simplesmente repeti-los que escrevemos. Temos de escrever, ainda, sobre a Psicanálise para manter aberta a questão: "o que é uma Psicanálise?".

Referências bibliográficas:

LACAN, Jacques. **O seminário**: livro 1: Os escritos técnicos de Freud. Rio de Janeiro: Jorge Zahar, 1979.

_________ **Outros Escritos**. Rio de Janeiro: Jorge Zahar, 2003.

ROUDINESCO, Elisabeth. **Jacques Lacan**: esboço de uma vida, história de um pensamento. São Paulo: Cia. das Letras , 1994.

O SABER E O ENTUSIASMO[1]

*Renata Conde Vescovi**

RESUMO: Este texto pretende refletir os caminhos lógicos que fazem parte do percurso de uma análise, mostrando sua importância para a formação e o nascimento de um psicanalista. A passagem genuína de analisando a analista não se faz sem que ele experimente o horror de saber, motor do entusiasmo.

PALAVRAS-CHAVE: Não-Saber. Verdade. Horror de saber. Entusiasmo.

"O que leva alguém que venha à análise, queixar-se de seu sofrimento, engajar-se nesta tarefa de tornar-se analista?" [2]

Para tornar-se psicanalista, não há ensinamento, nem manual de instruções que ensine tamanha experiência. É como a criação. Como ensinar a outros o gesto impetuoso do pincel que brota do invisível ou mesmo o arranjo melodioso que as palavras tomam em um escrito, tornando audível o inaudível?

---

1 Texto apresentado em 27 de maio de 2006.

* Psicanalista, membro da Escola Lacaniana de Psicanálise de Vitória.

2 LACAN, Jacques. "O Saber do Psicanalista." Conferências inéditas Aula do dia 6 de janeiro de 1972.

É desta mesma feitura o psicanalista. Ele é trama dos restos pulsionais (olhar, voz, seio e fezes), que caem na experiência de sua análise pessoal, junto com as identificações aos ideais do Outro que ele consistiu na tentativa de ver-se amado.

Se nesta trajetória, o analisando sonha encontrar o amor, ele irá descobrir que "***entre o homem e o amor existe o mundo***" [3]. O mundo da realidade do fantasma onde o gozo sexual é solitário, denunciando a não–relação sexual. Ele vai constatando assim que o saber em Psicanálise é um **"saber em fracasso"**[4]; diferente de um **"fracasso no saber,** devido ao gozo que invade, desmontando as associações livres e a tão almejada cura pela palavra. É lá, no gozo enigmático, mais além dos significantes, que se pretende chegar àqueles que se deixam contaminar pela **peste** e querem fazer desta sua parceira.

"Só é possível acontecer uma psicanálise, porque há gozo sexual que se transmite pelo amor: enigma no corpo."[5]

O gozo invade o amor dirigido ao Outro e nos deixa perplexos, horrorizados, sentindo na pele a dor, o ódio e o abandono pelo tombamento no espelho do Outro de nossos ideais.

Neste ponto, algum caminho já foi percorrido. Sua análise pessoal, verdadeira formação do psicanalista, já confirmou que o amor, sendo não-todo possível, leva o analisando ao trabalho de deciframento dos significantes, herdados do Outro que serviram de montagem à tela de sua fantasia.

Afetado por um desejo de saber, que o levará à verdade de seu inconsciente, o analisando é assim amante do inconsciente. Ele o ama na mesma

---

[3] Este é um recorte de uma estrofe de Antoine Tudal –(in Paris em l 'an 2000) Lacan cita este poema no Seminário "O saber do Psicanalista" e em seus Escritos "Função e Campo. da Linguagem e da Palavra." Esta poesia ilustra o percurso que se faz em uma psicanálise. LACAN, Jacques. Idem. Aula do dia 3 de fevereiro de 1972.

[4] Lacan mostra que há no saber um fracasso. Um saber que escapa a verdade que é não saber, motor da experiência de uma análise.Portanto,diferente de saber em fracasso, Lacan no Seminário o Saber do Psicanalista diz que este saber é um saber caduco, migalhas de saber (Ver Conferencia do dia 3 de fevereiro de 1972)

[5] LACAN, Jacques." De um discurso que não seria de um semblante." Seminário inédito. Aula do dia 20 de Janeiro de 1971

proporção que uma histérica, em seu discurso, ama o mestre enquanto potência criativa, dizendo: **"Mantenha em vigor o não saber para que o desejo de saber continue sendo motor de minha produção!"** Vale lembrar que é o discurso da histérica que impulsiona todo o trabalho de deciframento dos significantes que servem de trama ao enredo inconsciente do analista em formação.

O desejo de saber parte de um ponto no corpo onde a imagem não se especulariza, revelando assim a separação dos objetos parciais da pulsão. Os orifícios do corpo materializam o modo singular de cada humano enlaçar a pulsão ao campo do saber, produzindo dentro de sua modalidade de gozo um modo especial de construir a caligrafia[6] de seu inconsciente e com ela assinar seu nome de analista.

Através do desejo de saber, a engrenagem significante se coloca a serviço de um saber que é meio de gozo, viés para que o analista em formação construa a verdade de sua posição de objeto, que consistiu a crença em um Outro idealizado. Neste trabalho de luto, necessário à passagem de analisando a analista, revela-se qual objeto pulsional ele foi para o Outro[7].

O saber, como meio de gozo, leva o analisando não apenas a decifrar com os significantes mas a cifrar as perdas que caem no ato incessante de repetir, uma vez mais, a versão do fantasma. Restos pulsionais, traço unário que, ao cair como não saber, deixa sulcos no real, marca que escreverá o nome de um psicanalista.

Assim é que o desejo de saber é a via necessária para que se possa franquear o mundo da tela do fantasma, em direção ao muro da castração, onde se escreve a letra de uma carta de amor, inaugurando assim uma erótica ao furo do inconsciente.

---

6 Vale destacar a etimologia da palavra caligrafia. Calos : palavra de origem latina (belo, sublime). Grafia:de origem latina (escrito, escritura) Assim caligrafia é a escrita do belo. Equivalente ao modo singular em abordar o horror sem recuar diante do real. Vale lembrar que o belo é o último véu que recobre o horror da castração.

7 No Seminário "A Lógica do Fantasma", Lacan mostra a construção/desconstrução da tela da fantasia mostrando que a verdade é construída num percurso de análise reduzindo-se a um axioma lógico - "Qual objeto a eu sou para o Outro?"

Escrever o nome de analista: Um Sintoma da Psicanálise:

"Sabemos que saber da verdade, não contribui em nada para verdade."[8]

O que é preciso então "saber fazer", para isolar a verdade que se faz presente através da tirania do gozo do Outro? Como transformar a verdade que produz a dor do desamparo estrutural dos seres de linguagem em uma variedade de letra que escreve o nome de um psicanalista?

Vale ressaltar que o ***objeto a*** separa os campos do Sujeito e do Outro. Mas também aprisiona o sujeito à tirania do gozo do Outro. Só a letra, marca decorrente da queda do **objeto a,** é que pode fazer litoral demarcando assim os territórios entre o Sujeito e o Outro.

Lacan diz que no muro da castração podem se produzir manchas, mofos, espessamentos que deixam o analisando na tradução sublimatória das manchas, sem escrever ali a letra que nomeia um psicanalista. Isto é equivalente ao fascínio que o horror de saber causa, onde o analisando pode ficar paralisado, sem franquear uma borda e tomar esse horror na dimensão do entusiasmo. Diante deste impasse lógico entre o saber e a verdade, Lacan vem dizer:

> "***Se o saber não é a verdade, logo ela é o não saber***".[9] Preceito sustentado pela lógica aristotélica que inscreve o saber no lugar da verdade.
> Este espaço para escrever o discurso do analista.
> (agente/ verdade a/ S2 (escrever em matemas do discurso do analista)

Este é o motor do discurso do analista que agencia a passagem do nome próprio do analisando, em posição de mestria, à posição de resto onde o nome do psicanalista pode representar aquilo que há de mais comum. Trata-se, portanto, de passar o nome próprio àquilo que há de

---

8 LACAN, Jacques." De um discurso que não seria de um semblante." Seminário inédito. Aula do dia 20 de Janeiro de 1971

9 LACAN, Jacques. Idem. Aula do dia 3 de fevereiro de 1972.

mais comum, onde qualquer significante do campo do saber inconsciente pode fazer as vezes do nome do analista.

Saber no lugar da verdade implica em horror de saber, experimentando assim um real que deixa marcas que não são traduzidas no discurso. Este ponto, onde a pulsão de morte deixa marcas de gozo em um corpo, não encontra nenhuma causalidade. É a desmedida, a falta de representação, pois não há saber sobre a causa da presença do gozo do Outro sobre um corpo.

Eis a passagem efetiva de analisando a analista que pode convocar o novo analista à experiência discursiva do dizer, a querer passar adiante como foi esta experiência genuína que o fez separar-se das impregnações discursivas do Outro, de seus ideais, lançando-se a esta tarefa louca de tornar-se um psicanalista. Um psicanalista nasce deste horror de saber para sustentar-se no discurso movido por um desejo que é feito do entusiasmo, em ter experimentado na própria pele este real que é sua causa. Sem o entusiasmo, "pode ter havido análise" [10], mas um psicanalista genuíno, nenhuma chance!

Esta afirmativa atrela o entusiasmo ao psicanalista, aquele que se propõe em posição de objeto ***a*** ser o rebotalho da ***homounidade***[11], fazendo de seu dizer a clínica do discurso analítico.

Entendo clínica, não apenas a experiência do consultório, mas a experiência do dizer com valor de ato e que tem efeitos na esfera pública, produzindo na conformidade do laço social um furo.

O discurso do analista produz não saber ao mesmo tempo em que convoca ao trabalho, provocando o homem a se separar das idealizações e a fazer um bom uso do **objeto a** que lhe causa desejo.

Assim como a escrita de James Joyce, que nos convida a sermos seus leitores incansáveis, a traduzir seus enigmas cifrados em letras, a Psicanálise nos convoca à insônia. Aquele que de fato crê no inconsciente, um psicanalista, abraça esta causa, não adormece. Com isto, não cessa de

10 Sobre este grifo, ver "Nota Italiana". Novos Escritos de Jacques Lacan.

11 Este foi um lapso de escrita que preferi manter, pois confirma a posição da humanidade em buscar a fusão das diferenças produzindo a homogeneidade ao foracluir a castração do discurso. O psicanalista é aquele que deve sustentar este furo sendo o rebotalho da humanidade.

passar os significantes da Psicanálise, através do real que o inaugurou.

Lacan afirma que a invenção é o escrito. Chegou a mim, não por acaso, um fragmento de uma reflexão de Marguerite Duras sobre o ato de escrever, de seu livro "Escrever."

'***Se a gente soubesse alguma coisa daquilo que vai escrever, antes de fazê-lo, a gente não escreveria nunca. Não valeria a pena. Escrever é tentar saber o que a gente escreveria se a gente escrevesse - só se sabe depois. Antes, esta é a questão mais perigosa que se possa colocar. Mas é também o mais comum. O escrito, isto acontece, chega como o vento, é nu, é tinta, é escrito, passa como coisa alguma passa na vida, nada mais, exceto ela, a vida."***[12]

O ato de escrita parece comportar a mesma intensidade do autorizar-se psicanalista. Não há garantia antecipada; um analista se autoriza indo experimentar as últimas conseqüências o não saber. A letra que o nomeia se escreve no muro da castração, entre o saber e a verdade. Uma letra que nasce da invenção na experiência de uma análise, de uma verdade que o determina.

O psicanalista, em sua tarefa de transmissão da Psicanálise, enuncia um "dizer verdadeiro" que brotou de uma verdade que tem estrutura de ficção. Sua transmissão é testemunho de uma passagem da fé nos idéias à crença no furo do inconsciente.

Ao traduzir o real que o inaugurou (gozo do Outro) em marcas, utiliza-as como parceira, garantindo-se em sua tarefa solitária em disseminar a experiência do inconsciente. Ele recebe também de alguns outros, (os pares de uma Escola) alguma garantia. Um reconhecimento sem cumplicidades amorosas de que ele pode levar adiante a Psicanálise. Será que suportamos na experiência com os pares nos separarmos das cumplicidades amorosas?

O entusiasmo encontrado na letra de uma carta de amor é o desejo do analista que o convida, num só gesto, a cavar e a produzir cada vez mais, a partir do furo do inconsciente, ultrapassando assim a função de

12 DURAS, Marguerite., "Escrever" do livro de: SILVA, Marcos Cyro . "Entre Autos e Mundos." Editora Del Rey p 45.

um bom arranjador dos significantes do Outro, presente no prazer sublimatório. O entusiasmo convida o psicanalista a debruçar-se no abismo da linguagem, sem vertigem, e daí inventar com os significantes do Outro. Como nos diz Adélia Prado:

> **"Debruçar-se diante do esplêndido caos de onde emerge a sintaxe."**
> **Lá onde o furo antecede o nome."**[13]

Referências Bibliográficas:

DURAS, Marguerite. Escrever. In: SILVA, Marcos Cyro . **Entre Autos e Mundos**. Editora Del Rey p. 45.

LACAN, Jacques. **O Saber do Psicanalista**. Conferências inéditas, 6 jan. 1972.

______. ______. ______, 3 fev. 1972.

______. **De um discurso que não seria de um semblante**. Seminário inédito, 20 jan. 1971

______. ______. ______, 10 mar. 1971.

PRADO, Adélia . Antes do Nome. In: **Poesia reunida**. São Paulo: Siciliano, 1999. p. 98.

[13] PRADO, Adélia . "Antes do Nome". Poesia Reunida. Editora Siciliano SP 1999. p 98.

Esta obra foi produzida nas
oficinas da Imos Gráfica e Editora na
cidade do Rio de Janeiro